교과서가 다 담지 못한 안중근 의거

이토 히로부미의 계획
VS
안중근의 반격

교과서가 다 담지 못한 안중근 의거

이토 히로부미의 계획 VS 안중근의 반격

류은 글 ◆ 이강훈 그림

책과함께어린이

작가의 말

동아시아의 평화를 외친 안중근

　한번 상상해 봐요. 만약 한국·중국·일본 세 나라가 연합하여 군대를 만들고, 청소년 시기부터 쭉 이웃 나라의 언어도 배우게 해 진정한 형제의 나라가 된다면 어떨까요? 한 나라가 위태로우면 언제라도 힘을 보태 함께 극복하고요. 또 동아시아 평화를 위한 기구를 함께 조직하는 거예요. 한·중·일 공동 화폐를 만들어 필요한 자금도 동원하고요. 그렇게만 된다면 세 나라의 위상은 지금과 비교도 안 될 만큼 높아질 거예요.

　갑자기 동아시아 평화며, 세 나라의 공동 화폐라니, 무슨 뚱딴지같은 소리냐 싶겠네요. 앞서 예로 든 연합 군대, 동아시아 평화 기구와 공동 화폐 등은 이미 110여 년 전에 안중근이 제시한 것이었어요.

　안중근이 이토 히로부미를 저격한 사실은 다들 잘 알고 있지만, 그 정확한 이유와 그의 꿈에 대해서 아는 사람은 매우 드물어요. 안중근은 단순히 식민지화에 앞장서는 일본 정치인을 단죄하려고 총을 든 게 아니에요. 그는 자신의 총부리에 조국뿐 아니라 동아시아의 평화도 걸려 있다고 보았어요.

　많은 사람들이 안중근을 일제 강점기 인물로 알고 있곤 해요. 하지만 안중근은 일제 강점기가 시작되기 직전에 이미 삶을 마감했어요. 그럼에도 일찍이 일제의 야욕을 알아차리고 동아시아의 평화를 외쳤던 거예요.

　오늘날 세상은 안중근이 살던 때만큼 혼란스럽지는 않아요. 그러나 거대한 땅덩어리의 중국과 강대국 일본 사이에 끼어 있다는 사실은 변함없지요. 나라를 통째로 들고 이사하지 않는 한, 우리는 앞으로도 두 나라 사이에서 적절한 힘의 균형을 유지하며 평화를 지킬 수밖에 없는 거예요. 110여 년 전 안중근의 고민도 이와 크게 다르지 않았어요. 그런 측면에서 안중근이 추구한 동아시아 평화는 오늘날 우리도 한 번쯤 귀 기울여 볼 필요가 있어요. 그 속에서 동아시아의 미래에 대한 해답을 찾아보길 바라요.

이 책은 세 부분으로 이루어져 있어요. 1부에서는 1800년대 말 전 세계 힘의 균형이 달라지면서 동아시아에 불어닥친 혼란과 변화를 살펴보아요. 통상을 강요하는 서구 열강과, 그에 대처하는 한·중·일 삼국의 모습이 어떻게 달랐는지 알아보기로 해요.

2부는 일본과 그 중심에서 활동했던 이토 히로부미에 관한 이야기를 주로 다뤘어요. 우리나라를 침략하고 이를 발판 삼아 대륙으로 향하던 일본의 계획이 얼마나 치밀했는지 느끼게 될 거예요.

3부에서는 거친 시대의 흐름을 바로잡고자 했던 안중근의 모습을 담고 있어요. 안중근의 발자취를 따라가며 그가 얼마나 치열한 고민을 했는지 함께 느껴 보아요.

저자 류은

1부. 변화하는 세계, 흔들리는 한반도

작가의 말 — 4

1. 이토 히로부미의 죽음
1909년 10월 26일 하얼빈 역 — 13   안중근의 총소리 — 16

2. 안중근 의거로 난처해진 세 나라
일본의 눈치를 보는 러시아 — 19   일본, 안중근 재판권을 차지하다 — 20

3. 종이호랑이가 된 청나라
동양과 서양의 대격돌, 아편 전쟁 — 23   조선과 국경을 맞댄 러시아 — 26

4. 조선 침략의 첫걸음을 내디딘 일본
미국의 강요로 문을 연 일본 — 29   일본의 개항과 꼭 닮은 조선의 개항 — 31
잘못 끼운 첫 단추, 불평등 조약 — 32

5. 개화를 둘러싼 조선의 갈등
문제의 책 《조선책략》 — 35   서양 여러 나라와 통상 조약을 맺다 — 36
흔들리는 조선의 주권 — 37

6. 동학 농민 운동과 안중근
양반의 아들 — 41   농민군 반대편에서 싸우다 — 44

2부. 이토 히로부미의 계획

1. 일본, 청나라를 무릎 꿇리다
조선에 군대를 보낼 빌미를 찾다 — 53
청나라를 기습 공격하다 — 54   준비된 전쟁 — 56

2. 개혁을 주도한 일본의 속셈
경복궁을 점령하다 — 59   동학 농민군을 진압하다 — 60

3. 러시아의 방해와 삼국 간섭
랴오둥 반도를 손에 넣다 — 65   자존심을 구긴 일본 — 68

4. 일본의 작전명, 여우 사냥
남의 나라 왕비를 살해하다 — 73   일본의 철저한 은폐 작전 — 74
누구의 계획인가 — 77

5. 강력한 라이벌 러시아를 누르다
일본, 러시아와 전쟁을 시작하다 — 81   영국, 일본 승리에 힘을 보태다 — 85
일본의 검은 속내를 몰랐던 지식인들 — 87

6. 대한 제국의 외교권을 빼앗다
을사늑약이 체결되다 — 91   의병들이 들고일어나다 — 96

7. 눈엣가시였던 고종 황제를 끌어내리다
가난한 농민의 아들, 초대 통감이 되다 — 99
고종, 세 명의 특사를 헤이그로 보내다 — 101   황제 없이 치른 양위식 — 103

8. 대한 제국 군대를 강제로 해산하다
마지막 조치, 한일 신협약 — 107   대한 제국 병사들은 해산하라 — 108

9. 대한 제국의 황태자를 볼모로 삼다
이토 히로부미의 폭탄 선언 — 113
마지막 황태자, 일본으로 끌려가다 — 115

3부. 안중근의 반격

1. 일본의 경제 약탈에 맞서다
르각 신부의 조언 — 121   교사가 된 안중근 — 123
국채 보상 운동에 참여하다 — 124

2. 항일 의병의 신호탄이 쏘아지다
박승환의 자결 — 127   의병 전쟁의 시작 — 129

3. 독립군 의병장이 되다
러시아에 가다 — 133   장군 안중근 — 136
포로들을 풀어 준 이유 — 137

4. 단지 동맹을 맺다
손가락을 자르다 — 141   이토 히로부미의 방문 소식 — 143

5. 동지들과 거사를 준비하다
블라디보스토크에서 하얼빈으로 — 147　기념 사진을 찍다 — 148
만일에 대비해 두 곳에서 기다리다 — 150

6. 제국주의의 심장을 쏘다
10월 26일 그날 — 153　동지들도 체포되다 — 154

7. 이토 히로부미를 쏜 15가지 이유
이토의 죄를 알리다 — 157　뤼순 감옥에 갇히다 — 158

8. 사형 선고를 받다
여섯 번의 재판 — 163　1910년 2월 14일 — 165

9. 감옥에서 쓴 동양 평화론
안중근의 평화 사상 — 167　형장의 이슬로 사라지다 — 170

10. 안중근의 유언
아직도 찾지 못한 유해 — 173　이토 히로부미의 성대한 장례식 — 176
의거의 성공을 숨죽여 기뻐한 사람들 — 177

11. 살아남은 이들의 선택
서로 다른 길을 간 유동하와 우덕순 — 181
독립운동은 계속되다 — 182　3.1 운동의 결실 — 185

한국사와 함께 보는 안중근의 일생 — 188

1부.
변화하는 세계,
흔들리는 한반도

1909년 10월 26일, 청년 안중근은 이토 히로부미에게
총부리를 겨눈다. 안중근은 왜 방아쇠를 당겨야만 했을까?
그 장소는 어째서 우리나라도, 일본도 아닌 하얼빈이었을까?
그 의문을 풀기 위해 한반도를 둘러싼
역사의 소용돌이 속으로 들어가 본다.

하얼빈 역에 울린 안중근의 외침

1. 이토 히로부미의 죽음

◆ **1909년 10월 26일 하얼빈 역**

    화려하게 장식된 열차가 속도를 줄이면서 천천히 하얼빈 역으로 들어섰어. 영하의 추운 날씨에도 하얼빈 역에는 열 맞춰 늘어선 러시아 의장대를 비롯해, 각 나라 영사들과 일본인 환영객 등 많은 사람들이 있었지.

    '러시아 측에서 철저히 준비한 모양이군! 이번 회담은 순조롭게 성사되겠어.'

    이토 히로부미의 얼굴에 흡족한 미소가 떠올랐어. 이토 자신에게는 물론이고 일본에도 이번 만주 방문은 매우 중요했거든. 조선을 완전히 일본의 영토로 만들기 위한 마지막 수순이나 마찬가지였으니까.

    세상은 이토가 상상하는 것보다 훨씬 더 빠르게 변하고 있었어. 유럽은 아시아와 아프리카 땅에 야금야금 식민지를 건설해 나갔어.

    뒤늦게 식민지 경쟁에 끼어든 일본은 조선을 발판 삼아 만주로 뻗어 나가고자 했어. 그러려면 조선을 집어삼키기 전, 만에 하나 걸림돌이 될지도 모를 청나라나 러시아와 먼저 말을 맞춰야 했어.

    이토에게는 러시아를 다독일 중요한 이유가 하나 더 있었어. 1904년

제국주의 영국을 풍자한 그림. 영국은 한때 세계에서 가장 넓은 땅을 식민지로 삼았다.

한반도와 만주의 지배권을 놓고 벌인 러일 전쟁이 끝난 뒤, 일본은 러시아와 만주를 나눠서 지배하기로 합의했어. 남만주는 일본이, 북만주는 러시아 세력권에 두는 식이었지. 일본은 이 전쟁에서 승리했지만 러시아가 또 다른 전쟁을 벌이지 않을까 두려워했어. 실제로 러시아에서는 날로 팽창하는 일본 세력을 막기 위해 미국을 끌어들여야 한다는 목소리가 높아지기도 했으니까.

하지만 이토의 머릿속에서는 한반도를 넘어 만주까지 세력을 펼칠 계획이 차근차근 그려지고 있었어. 머지않아 제 손으로 계획을 이룰 생각을 하니 입가에 저절로 미소가 지어졌어. 어느새 열차는 멈췄고 이토의 눈앞에 이번 회담의 대상인 코코프체프 러시아 재무 장관이 서 있었어.

"먼길 오시느라 고생하셨습니다. 코코프체프입니다."

"반갑습니다. 이토 히로부미입니다."

두꺼운 양탄자가 깔린 귀빈 칸 안락의자에 앉아 있던 이토가 일어서서 반갑게 코코프체프를 맞았어.

"그동안 일본과 러시아가 이해관계로 충돌할 때마다 공평하고 현명하게 처리해 오신 각하를 뵙게 되어 참으로 반갑습니다. 일본 정부를 대표하여 각하를 영접할 수 있음을 영광으로 생각하며, 오늘 만남이 두 나라의 친교에 크게 이바지할 수 있기를 기대합니다."

코코프체프도 예의를 갖춰 대답했어.

"분에 넘치는 말씀 감사합니다. 러시아는 정의와 공평을 존중하는 나라이기에 이 자리에서 이야기하는 모든 문제는 우리 황제 폐하의 결정에서 비롯되었음을 말씀드립니다."

◆ 안중근의 총소리

만주로 떠나기 전 이토는 세계 여러 나라 사람이 300여 명이나 모인 자리에서 이번 방문은 순전히 개인적인 일일 뿐 정치적인 목적은 없다고 강조했어. 통감 직위에서도 물러났으니 겉으로 보기에는 그럴 듯했어. 하지만 만주에서 철도를 운영하는 문제를 비롯해, 장차 조선을 식민지로 만드는 데 필요한 여러 일들을 처리해야 했던 일본에서는 이토만 한 사람이 없다고 보았지.

"조촐하지만 밖에 환영식을 준비해 두었습니다. 잠시 열차에서 내려 사람들을 만나 보시지 않겠습니까?"

약 30분간 진행된 회담을 순조롭게 마친 뒤 코코프체프가 창밖에 늘어서 있는 사람들을 가리키며 말했어. 이토를 환영하는 국악대의 연주와 함께 열광적으로 그를 반기는 사람들의 환호성이 들려 왔지. 계획에 없던 일이라 잠시 당황하던 이토는 이내 칼이 달린 지팡이를 꽉 움켜쥐고 열차 밖으로 걸음을 옮겼어. 지팡이뿐 아니라 잘 벼려진 단도 두 자루도 몸에 지니고 있었지. 여차하면 제 몸 하나는 지킬 수 있다고 이토는 자신했어.

열차에서 내린 이토는 여유롭게 손을 흔들며 늠름한 러시아 의장대 앞을 걸어갔어. 각 나라의 영사들과 인사를 마친 이토가 일본인 환영객을 향하여 걸음을 옮기는 순간 날카로운 총소리가 하얼빈 아침의 찬 공기를 갈랐어.

탕! 탕! 탕!

동시에 이토의 몸이 휘청하더니, 무언가를 잡으려는 듯 허공에 손을 휘저었어. 지팡이에 달린 칼을 휘둘러 볼 겨를조차 없을 만큼 순식간에 벌어진 일이었어.

뒤이어 다시 세 발의 총소리가 들려 왔고 한두 걸음 앞에 있던 코코프체프가 손을 뻗어 이토를 붙잡으려 했어. 그제야 뒤따르던 일본인들이 황급히 이토를 부축해서 열차 안으로 옮겼어. 의사가 응급처치했으나 이토는 총을 맞은 지 30여 분 만인 오전 10시쯤 영원히 눈을 감았어.

난데없는 총소리에 놀란 사람들은 땅에 납작 엎드리거나 어디론가 달아났어. 겁에 질린 사람들이 울부짖으며 하얼빈 역은 아수라장이 되었지. 그때 의장대 뒤쪽에서 우렁찬 목소리가 터져 나왔어.

"코레아 우라! 코레아 우라! 코레아 우라!"

1909년 10월 26일 아침 9시 30분에 일어난 일이야.

기차에서 내리는 이토 히로부미.
흰 수염에, 모자를 벗고 있는 모습이다.

정부의 보호를 받지 못한 채,
안중근의 재판권은 일본으로 넘어간다.

2. 안중근 의거로
난처해진 세 나라

◆ 일본의 눈치를 보는 러시아

이토의 죽음에 러시아는 몹시 당황했어. 자칫하면 이번 일을 꾸몄다고 의심받을 수도 있었으니까. 경비를 소홀히 한 책임이라도 묻는다면 할 말이 없는 상황이었지. 5년 전 이미 일본의 강력한 군사력을 경험했던 러시아는 일본의 눈치를 보지 않을 수 없었어. 그러다 보니 자신들의 결백을 보이기 위해서라도 필요 이상으로 많은 한국인●을 잡아들여야만 했지. 10월 26일 현장에서 체포된 안중근 외에도 30여 명이 러시아 헌병에게 끌려갔어.

일본도 난감하긴 마찬가지였어. 의거 현장인 하얼빈은 원래는 청나라 영토였으나 당시에는 러시아의 조차지●●였거든. 러시아 관할 구역에서 벌어진 사건을 일본이 독자적으로 수사한다는 건 있을 수 없는 일이었지.

사건이 러시아 조차지인 청나라 땅에서 일어났고, 한국인 용의자를 러시아 관헌이 체포했잖아? 그러니 일본으로서는 이 사건을 직접 조사하고 재판할 수 있는 권한이 어디에도 없었어. 1899년에 우리가 청나라

● **한국인** 대한 제국 사람. 이 책에서는 '한국'이 오늘날 대한민국이 아닌 1897년 고종이 선포한 '대한 제국'의 줄임말을 뜻함.
●● **조차지** 한 나라가 다른 나라에 일시적으로 빌려준 영토 일부

통감 시절 이토 히로부미

와 맺은 조약에 따르면 '청나라 영토 안에 있는 한국인에게는 한국법을 적용한다'고 되어 있거든. 따라서 이번 사건의 재판권은 러시아나 청나라, 일본이 아닌 우리나라에 있었어. 하지만 러시아는 일본과의 관계를 고려해 순순히 안중근을 일본에 넘겼어.

일본은 청나라에도 강경하게 맞섰어. 1905년에 맺은 을사늑약을 근거로 자신들에게 재판권이 있다면서 말이지. '외국에 있는 한국인은 일본 관헌이 보호한다'라는 조약을 제멋대로 해석하며 억지를 부린 거야.

◆ **일본, 안중근의 재판권을 차지하다**

이 상황에서 누구보다 먼저 나서야 할 우리 정부는 안타깝게도 아무런 행동도 취하지 않았지. 이완용 등 친일 인사를 중심으로 꾸려진 정부는 뒷짐만 진 채 안중근의 재판권이 일본의 손아귀에 넘어가는 것을 가만히 지켜보았어.

일본은 이번 사건을 관동도독부 법원에 맡겼어. 관동도독부는 일본이 만주를 지배하기 위해 세운 기관이었어. 이렇게 일본이 손을 써서 재판권을 차지하자 상황은 처음부터 안중근에게 매우 불리하게 돌아갔어.

1900년대 초 세계정세를 나타낸 풍자화.
일본과 영국이 청나라를 상징하는 파이를 나누어 먹으려고 하자,
뒤에서 러시아와 프랑스가 끼어들고 있다.

아편 전쟁은 서구 열강을 등에 업은 영국과, 아편 문제로 쇠약해진 청나라의 싸움이었다.

3. 종이호랑이가 된 청나라

◆ 동양과 서양의 대격돌, 아편 전쟁

러시아 헌병에게 잡히기 전 안중근이 외친 말은 '코레아 우라!' 즉 러시아어로 '한국 만세!'였어. 그곳에 있던 세계 여러 나라 사람들이 그 외침을 들었지. 안중근은 왜 남의 나라에까지 가서 다른 나라 말로 '한국 만세!'를 외쳤을까? 그 이유를 알아내기 위해 시간을 거슬러 올라가 이웃한 청나라를 살펴보자.

1840년 무렵 청나라는 영국과 큰 전쟁을 치렀어. 바로 역사상 가장 추악하다고 평가받는 '아편 전쟁'이야.

당시 청의 인구는 3억이 넘었어. 한창 식민지를 넓혀 가던 영국에게는 무척 거대한 시장이었지. 영국은 큰 이득을 기대하며 청과 무역을 시작했어. 그런데 정작 청나라 사람들은 영국에서 생산한 직물을 좋아하지 않았어. 청에서는 모직물을 야만인이나 입는 것이라며 천하게 여겼거든. 반면 영국에서는 청에서 수입한 차와 도자기가 큰 인기를 끌었어. 물건 값을 은으로 지불했는데, 엄청나게 많은 은이 청나라로 흘러 들어갔어.

임칙서의 지시로 아편을 폐기하는 모습. 구덩이를 판 뒤 아편을 쏟아붓고 있다.

청과 벌인 무역에서 계속 손해를 입자 영국은 청나라 사람들을 사로잡을 수출품이 절실해졌어. 그때 떠오른 것이 영국의 식민지인 인도에서 재배하는 아편이었어.

아편은 중독성이 매우 강한 마약이었어. 나라에서 금지했으나, 엄청난 속도로 퍼져 나가며 청나라의 모든 계층이 아편에 중독되었어. 아편 중독자가 늘어나는 만큼 아편의 수입량도 늘었고 청나라 사람들의 삶은 갈수록 어려워졌지. 세금을 낼 수 없는 사람들이 늘어나자 청나라는 재정적인 어려움을 겪게 되었어. 급기야 정부에서는 임칙서라는 관리를 보내 아편 무역을 단속하게 했지.

임칙서는 1839년 영국 상인들에게서 아편 2만 상자를 몰수하여 다시는 쓸 수 없게 만들었어. 그러자 영국은 청이 자유 무역을 방해하고 사

청나라 땅이 열강에 분할되는 모습을 풍자한 그림.
왼쪽부터 영국, 독일, 러시아, 프랑스, 일본이 눈독들이는 가운데
청나라는 두 손을 번쩍 들고 이를 지켜보고만 있다.

유 재산을 몰수했다면서 전쟁을 일으켰어. 남의 나라에서 불법으로 마약을 거래했으면서도 말이지.

2년여 동안 벌인 전쟁에서 패배한 청은 엄청난 배상금을 영국에 물고 항구 다섯 곳을 개항하기로 약속했어. 그리고 홍콩까지 넘겨야 했지. 이때부터 홍콩은 1997년 중국에 반환될 때까지 155년간 영국의 통치 아래 놓이지.

◈ 조선과 국경을 맞댄 러시아

아편 전쟁 이후 서구 열강들은 청이 생각만큼 강하지 않다는 사실을 알게 되었어. 급기야 군대를 끌고 와 위협하며 자신들에게 유리한 조약을 맺도록 했어.

1856년에는 영국과 프랑스가 연합해서 청나라를 공격했어. 청나라 관헌들이 영국 배 애로 호를 검문하면서 영국 국기를 모독했다는 것이 그 이유였어. 하지만 진짜 이유는 따로 있었어. 전쟁까지 일으켰으나 예상만큼 큰 이득을 보지 못하자, 영국이 일부러 공격을 시작한 것이었지. 이 사건을 앞서 벌인 전쟁과 구분하여 2차 아편 전쟁이라고도 불러. 때마침 프랑스도, 청나라에서 자기네 선교사가 살해되었다는 구실로 영국과 함께 공격을 벌일 수 있었어.

청나라의 톈진과 베이징을 점령한 영국·프랑스 연합군은 약탈과 살인을 서슴지 않았어. 연이어 서양 열강과 충돌한 청나라는 매우 곤혹스러운 처지가 되었어. 무능한 정부를 탓하는 백성들의 불만도 높아졌지. 이때 양쪽을 화해시킨 나라가 러시아였어. 러시아의 노력으로 청은 영국, 프랑스와 조약을 맺고 어렵사리 평화를 되찾을 수 있었어. 러시아는 중재의 대가로 청의 영토였던 연해주를 요구했지.

결국 러시아가 연해주를 얻어 내며 조선과 국경이 맞닿게 되었어. 그러자 영국은 바짝 긴장했지. 분명 러시아는 남쪽으로 계속 진출하려 들 텐데! 이러다 영국의 식민지인 인도까지 넘볼지도 모를 일이었으니까.

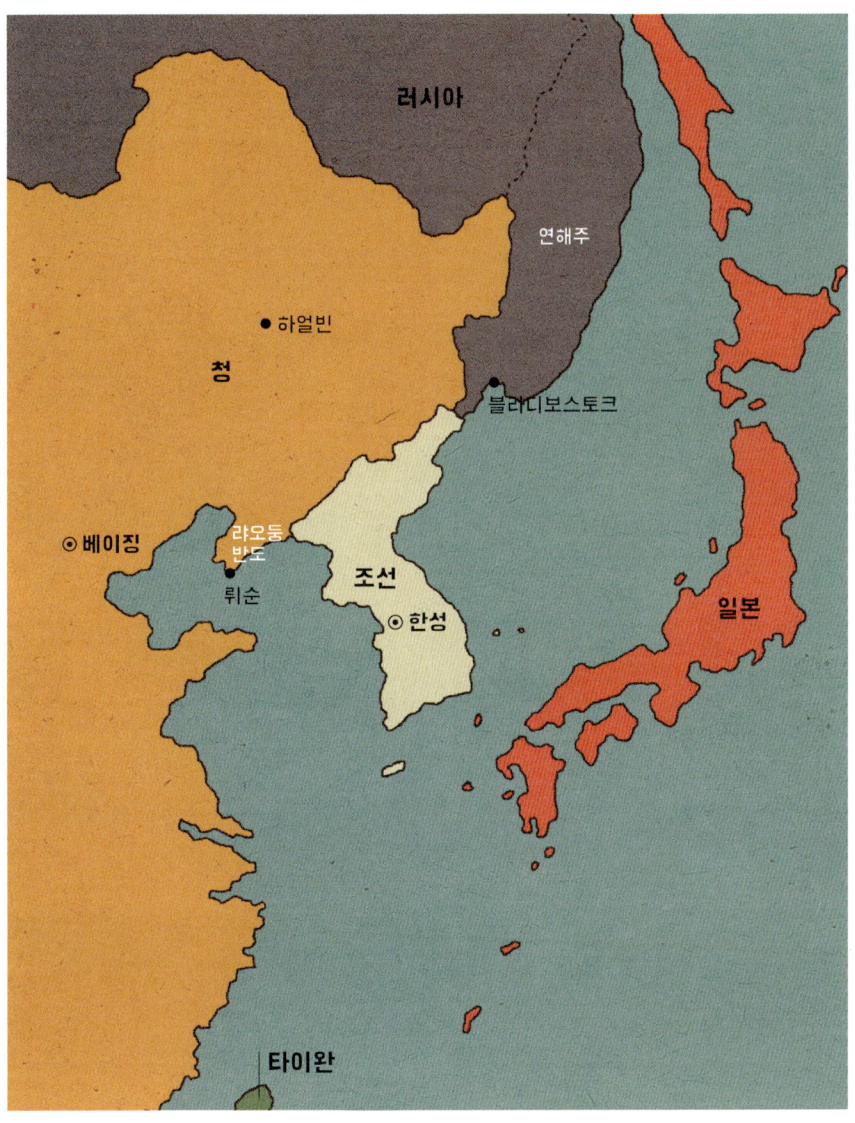

미국에 겁먹은 일본은 어쩔 수 없이 나라 문을 열어야 했다.
일본은 미국에게 당한 수법 그대로 조선에게 써먹는다.

4. 조선 침략의 첫걸음을 내디딘 일본

◈ 미국의 강요로 문을 연 일본

청의 패배는 일본에도 영향을 주었어. 이 시기만 해도 일본은 청, 조선과 마찬가지로 서양과 교류하지 않은 채 나라 문을 닫고 있었어. 일본은 어떻게 개항을 하게 되었을까?

1853년, 미국 군함 4척이 도쿄 앞바다에 나타났어. 영국이 몰고 온 대형 군함에 청이 굴복했음을 알고 있던 일본은 2,450톤이 넘는 미국 군함을 보고 엄청난 위협을 느꼈지.

미국 군함은 도쿄 만 깊숙이 들어가서 제멋대로 해안을 측량했어. 일본이 강하게 항의했으나 미국은 앞으로 더 큰 배가 들어올 때를 대비한 조사라면서 무시했어. 미국의 행동은 국제법에 위반되었으나 당시 일본은 이를 알 리 없었어. 일본은 강압적인 미국의 태도와 서양 열강에 대한 공포심으로 궁지에 몰린 나머지, 1년 뒤 미국에 개항을 허락했어.

일본은 청과 마찬가지로 불평등한 조약을 강제로 맺었어. 일본 땅에서 죄를 지은 미국인을 미국 법에 따라 재판받도록 하는 치외 법권과, 다른 나라와 맺은 조약 중 유리한 내용은 미국에도 적용하여 우대한다는 최혜국 대우도 포함되었어. 또한 일본 스스로 관세를 결정할 수 있는 권한도 빼앗겼어. 관세는 물건을 수출하거나 수입할 때 내는 세금을 말해. 얼마 지나지 않아 일본은 러시아, 영국, 프랑스, 네덜란드와도 비슷한 조약을 맺었어.

이제 청과 일본 모두 더는 기존 방식대로 나라를 다스릴 수 없다는 사실을 깨달았어. 살아남으려면 서양의 문물을 받아들여야 한다고 생각했지. 그래서 서양인들을 받아들이고, 외국에 유학생을 보내는 등 새로운 기술을 배우고 근대적인 공장을 세웠어.

하지만 두 나라가 결정적으로 다른 점이 있었어. 청은 서양의 기술은 받아들이되 정치 제도와 정신문명 등은 그대로 유지하고자 했어. 반면 일본은 그동안의 정치세력을 몰아내고 국왕(덴노)을 중심으로 하는 강력한 나라를 만들어야 한다고 목소리를 높였지. 그 결과 들어선 메이지 정부는 철도·광산·통신 등 근대 산업을 발전시키고 군대의 힘을 기르는 등 과감한 개혁을 해 나갔어.

아편 전쟁은 조선에도 큰 충격이었어. 이제껏 청이 가장 강한 나라라고 믿고 있었기에 청의 패배를 인정하는 것은 조선으로서도 쉽지 않은 일이었지.

앞서 러시아가 연해주를 차지하며 조선과 국경이 맞닿게 되었다고 했지? 러시아인들은 조선에 나타나 집요하게 통상을 요구했어. 당시 어린 고종을 대신해 나라를 다스리던 흥선 대원군은 러시아와 대립하던 프랑스 힘을 빌려 이를 막아 보려 했지. 하지만 프랑스는 뜻대로 움직여 주지 않았어. 이후 흥선 대원군은 1866년과 1871년 프랑스와 미국의 침략을 막아 낸 뒤, 나라 문을 더욱 굳게 닫은 채 청나라를 제외한 다른 나라와는 통상하지 않겠다고 선포했어. 그러나 1873년 흥선 대원군이 권력을 잃은 뒤 조선은 그와 반대의 길을 가게 되었지.

◆ 일본의 개항과 꼭 닮은 조선의 개항

1875년 9월, 강화도 앞바다에 낯선 배 한 척이 나타났어. 예로부터 강화도는 군사적으로 매우 중요한 곳이었어. 외적이 물길 따라 수도인 한성에 쳐들어오려면 반드시 지나야 하는 곳이었으니까.

선원들은 조선의 허가도 받지 않은 채 보트를 타고 강화도 해안가를 측량하면서 조선군의 진지로 접근해 왔어. 정체를 알 수 없는 보트가 다가오자 조선 군대는 돌아가라는 뜻으로 대포를 쏘며 경고했어. 그러자 상대편 배에서도 대포를 마구 쏘더니 조선군 진지를 파괴하고는, 근처 영종도에 상륙하여 주민들을 약탈하고 마구 죽였어. 그 배는 270톤 규모의 일본 군함 운요 호였어.

이듬해 1월 일본은 운요 호 사건에 대한 손해 배상을 요구하며 다시 군함 6척을 몰고 왔어.

"운요 호는 청으로 가는 길에 마실 물이 떨어져 얻으러 갔을 뿐이오. 그런데 조선군이 먼저 우리 일본군을 공격했소. 지금 전 세계는 항구를 개방하고 무역을 하고 있소. 조선도 우리에게 문호를 개방한다면 이 사건에 대한 책임을 묻지 않겠소. 허나 우리의 제안을 거절한다면 이 길로 곧장 한성으로 쳐들어갈 것이오!"

일본의 대형 군함인 운요 호

회담장 주변에서는 일본 군함들이 사격 훈련을 한다는 이유로 대포를 쏘며 공포감을 불러일으키고 있었어. 어디선가 들어 본 이야기 같다고? 맞아! 일본의 문을 열기 위해 미국이 쓰던 방법과 똑같았지.

운요 호 사건은 일본이 무력으로 조선의 문호를 개방하고자 일부러 일으킨 것이었어. 그러나 조선은 일본의 이런 꿍꿍이를 전혀 짐작하지 못했고 1876년 2월, 강화도에서 일본과 통상 조약을 체결했어.

◆ 잘못 끼운 첫 단추, 불평등 조약

문제는 조선이 국제법을 전혀 모른다는 데 있었어. 협상은 일본이 이끄는 대로 흘러갈 수밖에 없었지. 조선은 일본이 요구한 조약 내용을 대부분 받아들였어. 강화도에서 체결되어 흔히 '강화도 조약'이라고 불리는 이 조약의 정식 명칭은 '조일 수호 조규'야. 조약의 주요 내용을 살펴볼까?

> 제1조 조선은 자주국으로서 일본과 동등한 권리를 누린다.
> 제4조 조선은 부산 외 두 곳을 개항하고, 일본인이 와서 통상하는 것을 허가한다.
> 제7조 조선 바닷가의 섬과 암초를 조사하지 않아 매우 위험하므로 일본이 자유로이 해안을 측량하게 한다.
> 제10조 개항장 안에서 일어난 일본인의 범죄는 모두 일본 관원이 심판한다.

일본은 조약을 맺기까지의 과정뿐 아니라 조약의 내용조차도 대부분 미국에게 당했던 그대로 따라 했어.

얼핏 보면 제1조 내용 때문에 강화도 조약이 일본과 평등한 관계에서 이뤄진 것처럼 보일 수도 있어. 그러나 조선이 자주국임을 유독 강조한 것은 청의 간섭을 미리 막고자 하는 의도였을 뿐 결코 조선의 권리를 지켜 주려 한 것이 아니었어.

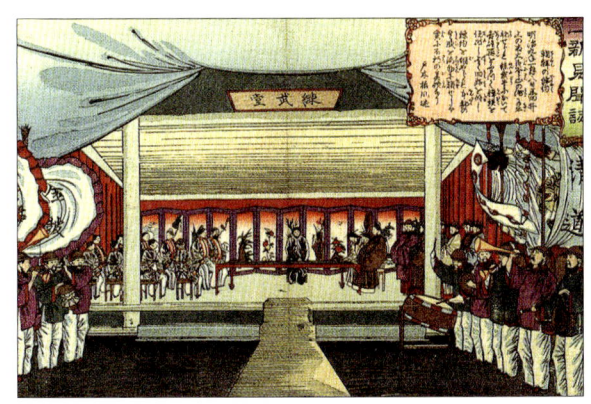
일본 화가가 그린 강화도 조약 체결 현장

이 조약에 근거하여 일본은 이제 조선에서 마음껏 무역 활동을 벌일 수 있게 되었어. 또 조선 해안에 접근하여 군사 기밀을 포함한 여러 정보를 거리낌 없이 얻을 수 있었지. 일본인이 조선에서 범죄를 저질러도 아무런 처벌을 할 수 없게 되었고.

이러한 불평등 조약은 당시 서구 열강이 아시아와 아프리카를 장악하면서 쓰던 수법이었어. 일본은 그들처럼 식민지를 차지하려고 안간힘을 썼어. 1876년에 맺은 강화도 조약은 조선을 식민지로 삼기 위한 첫걸음이었지.

조선은 미국을 시작으로, 서양 여러 나라와 통상 조약을 맺는다.
하나같이 불평등한 조약이었다.

5. 개화를 둘러싼 조선의 갈등

◆ 문제의 책 《조선 책략》

 강화도 조약을 맺은 후 고종은 외교 사절 76명을 '수신사'라는 이름으로 일본에 보냈어. 이들은 일본의 근대적인 제도와 문물을 살펴본 뒤 조선으로 돌아왔어. 일본의 기술이 매우 발달했으며 앞으로 더욱 부강한 나라가 될 것이라고 보고했지.

 4년 뒤 고종은 김홍집을 대표로 하는 수신사를 다시 일본에 보냈어. 김홍집은 그곳에서 청의 외교관 황준헌을 만나 국제 정세에 관한 이야기를 나누었어. 황준헌은 가장 위험한 세력이 러시아라고 콕 집어 말했어. 남쪽으로 세력을 넓히는 러시아를 막아 내려면, 조선이 '중국과 친하고, 일본과 손잡고, 미국과 연대하면서 군사적인 힘을 키워야 한다'고 했어.

 당시 청은 러시아의 진출에 큰 위기감을 느끼고 있었어. 미국이나 영국은 물건을 사고파는 통상만 요구했지만 러시아는 달랐거든. 엄연히 청나라 땅이었던 연해주까지 차지했으니까. 청은 영국이나 미국을 끌어들여서라도 러시아를 막아야 한다고 생각했고, 조선도 동참해야 한다고 여겼어. 그래서 조선이 다른 나라들과 외교 관계를 맺을 수 있도록 중간에서 다리 역할을 했어. 강화도 조약 이후 조선에 영향력을 키워 가는 일본을 경계하려는 의도도 있었지.

◆ 서양 여러 나라와 통상 조약을 맺다

조선으로 돌아온 김홍집은 황준헌이 쓴《조선책략》을 고종에게 전했어. 이 책의 영향으로 1882년 고종은 서양 국가 중에서는 처음, 미국과 조약을 맺었어. 역시 조선에서 범죄를 저지른 미국인을 조선 법으로 처벌하지 못한다는 치외 법권과, 다른 나라와 맺은 조약에서 유리한 조건은 미국에도 적용한다는 최혜국 대우가 허락된 불평등 조약이었지. 강화도 조약에도 없던 최혜국 대우가 들어간 까닭은 '거중 조정' 때문이었어.

거중 조정은 두 나라 중 어느 한쪽이 다른 나라의 압박을 받는 경우 서로 돕고 조정한다는 뜻이야. 거중 조정에 대해서 미국은 크게 의미를 두지 않았으나 조선은 미국과 동맹 관계가 되었다고 확대해서 받아들였어. 이 조약으로 조선은 이후 위기가 닥칠 때마다 끊임없이 미국에 거중 조정을 요청했어. 하지만 미국은 끝까지 아무런 도움을 주지 않았지.

미국을 시작으로 조선은 영국, 독일, 러시아, 프랑스 등과도 조약을 맺었어. 모두 불평등한 조약이었지. 이제 서양 배들은 자유롭게 조선을 드나들게 되었어.

미국과 조약을 맺은 후 미국 공사가 조선에 왔어. 고종은 답례로 보빙사라는 이름으로 외교 사절단을 미국에 파견했어. 이들은 샌프란시스코와 워싱턴 등을 돌아보고 미국 대통령을 만났지.

수신사로 일본을 방문한 김홍집

미국을 방문한 보빙사

◆ 흔들리는 조선의 주권

고종은 앞서 1881년 청에도 김윤식을 대표로 하는 영선사를 보냈어. 이때 파견된 유학생들은 청의 군수 공장에서 신식 무기를 만드는 기술을 배우고 돌아왔어. 그리고 최초의 근대식 군대인 별기군이 조직되었으며, 이들을 교육하기 위해 따로 일본인 교관을 두어 신식 군사 훈련을 받도록 했지.

별기군은 구식 군인들과는 비할 수 없을 만큼 대우가 좋았어. 반면 구식 군인들의 불만은 날로 높아지다 못해 폭발하기 직전이었지. 1882년 6월, 13개월 만에 밀린 월급을 받게 된 구식 군인들은 더는 참을 수 없었어. 월급으로 받은 쌀에 모래와 겨가 반 이상이나 섞여 도저히 먹을 수 있는 상태가 아니었지.

구식 군인들은 당시 권력을 휘둘렀던 민씨 세력을 비롯해 고위 관리

1882년 임오군란 상황을 일본인 시각에서 그린 그림. 조선 사람들을 폭도로 묘사하고, 이들이 직접 불을 지른 것으로 사실과 다르게 그렸다.

들의 집을 파괴하고 일본 공사관과 별기군 교관이었던 일본인을 공격했어. 사람들은 이 모든 일이 나라를 개방하고 신문물을 받아들인 탓이라 여겼어. 그 원망은 흥선 대원군의 반대편에서 개방을 주장했던 명성 황후에게로 향했지. 사태가 걷잡을 수 없이 커지자 명성 황후는 한성을 떠났고, 고종은 하는 수 없이 흥선 대원군을 궁으로 불러들였어. 이 일을 임오군란이라고 해.

흥선 대원군은 흥분한 군중을 진정시키고 그동안 추진했던 개화 정책을 되돌리면서 다시 정권을 장악하려 했어. 그러나 군란을 피해 한성을 떠나 있던 명성 황후는 청나라에 도움을 구했어. 명성 황후의 요청으로 7월에 4,000여 명의 청나라 군대가 한성으로 들어왔어. 조선에 끼어들 구실을 찾고 있던 청나라는 '이때다' 싶어 신속히 군대를 보낸 거야.

그런데 청은 군란이 진압된 뒤에도 군대를 철수하지 않았어. 기왕 끼어든 김에 조선의 정치에까지 관여하고 싶었던 거야. 그러자 일본도 가만히 있지 않았어. 군함 4척과 군인 1,500여 명을 제물포에 상륙시켜 조선을 압박하기 시작했지.

"일본 공사관이 불타고 별기군 교관이었던 일본인이 죽었소. 대체 이 일에 대한 책임은 누가 진단 말입니까? 이번 피해에 대해 책임자 처벌과 함께 철저한 보상을 요구합니다."

이후에도 일본 군대는 일본 공사관을 경비하고 조선에 있는 일본인을 보호한다는 구실로 조선에 남아 있었어. 사실은 조선에 영향력을 미치는 청을 견제하려는 속셈이었지. 이제 조선은 청과 일본 두 나라 군대가 동시에 들어와 있는 긴장 상태가 되었어. 두 나라의 간섭으로 자주적인 개화 정책을 추진하기도 어려워졌지.

개항 직후 인천의 모습. 조선 사람들이 모여 사는 초가집 뒤쪽으로
외국인들의 거주지가 보인다.

6. 동학 농민 운동과
  안중근

◆ **양반의 아들**

 강화도 조약을 맺은 지 3년이 지난 1879년, 안중근이 태어났어. 나라 안에서 개화 정책이 본격적으로 추진되며 갈등이 심해지자, 급기야 1884년에는 갑신정변이 일어났어. 갑신정변은 김옥균 등 급진 개화파가 나라를 적극적으로 개혁하고자 일으킨 사건이었어.

 갑신정변이 일어날 무렵 안중근의 아버지 안태훈은 한성에 머물고 있었어. 신문물을 배우러 갈 유학생 70명 중 한 명으로 뽑혀 준비 중이었거든. 문제는 이 유학생을 뽑은 사람이 갑신정변의 주요 인물인 박영효라는 데 있었어. 갑신정변이 실패하자 박영효는 재빨리 일본으로 도망쳤지만 그 여파가 유학생들한테까지 미친 거야. 아무것도 모른 채 붙잡힌 유학생들은 죽임을 당하거나 먼 곳으로 유배를 가는 등 화를 입었어. 안중근의 아버지는 고향인 황해도 해주로 도망쳐 숨었으나 안심할 만한 상황은 아니었지. 안중근의 아버지와 할아버지는 한숨을 내쉬며 앞날을 의논했어.

 "아버지, 나랏일이 날로 잘못되어 가니 이를 어찌합니까? 벼슬길에

안중근이 어린 시절을 보낸 황해남도 청계동의 옛 모습

나아가는 것은 꿈꿀 만한 것이 못 되는 듯싶습니다."

"그러게나 말이다. 이런 세상에서는 일찌감치 산에 들어가 사는 편이 차라리 낫겠구나. 구름 아래에서 밭이나 갈고, 달밤에 고기나 낚으며 이 한 세상 마치자꾸나."

결국 안중근의 집안은 살림을 모두 팔아 재산을 정리한 뒤 80명 가까이 되는 식구들을 이끌고 청계동 산속으로 이사했어. 그곳 지형은 험했지만 일굴 만한 논밭이 있었고, 풍경이 아름다워 안중근은 부족함 없는 어린 시절을 보냈지.

안중근은 어려서부터 사냥을 즐겼어. 사냥꾼을 따라다니며 하루 종일 산과 들을 누비고 돌아다녔어. 조금 더 커서는 총을 메고 산에 올라

새나 짐승들을 사냥했어. 공부에는 당연히 소홀하게 되었지. 걱정스러운 마음에 부모님과 선생님이 안중근을 불러 타이르기도 하고 엄하게 야단도 쳐 보았어. 하지만 안중근의 고집을 꺾을 수 없었어. 한 번은 친한 친구들이 이렇게 물었어.

"너희 아버지는 열심히 공부해서 세상에 이름을 드높였는데 너는 꼭 공부와는 담을 쌓은 채 사는 것 같다. 아버지와 달리 무식한 채로 살 거야?"

"옛날 초패왕 항우˙는 글은 이름이나 적을 줄 알면 그만이라고 했어. 그러면서도 후세에 이름을 길이 남겼잖아? 학문으로 세상에 이름을 드러내는 것보다 더 중요한 일도 있는 법이야. 반드시 항우처럼 장부로서 기개를 드높일 테니까, 너희들은 내 걱정 안 해도 돼."

안중근이 이렇게 당당하게 나오자 친구들도 더 할 말이 없었지. 개중에는 '번개 입'이라는 안중근의 별명을 떠올리며 고개를 주억거리기도 했어. 어떤 말에든 번개같이 입을 놀려 막힘없이 대답했기에 붙은 별명이었어.

안중근은 사냥 외에도 말타기와 술 마시고 노래하고 춤추기를 즐겼어. 친구 사귀기도 좋아해서, 어딘가에 의협심 강한 사람이 있다고 하면 멀고 가깝고를 가리지 않고 기꺼이 찾아가 어울렸어. 부유한 양반 집안의 안중근은 삶이 대체로 편안했지.

하지만 일반 백성들의 삶은 갈수록 어려워졌고, 개혁과 변화를 부르짖었어. 마침내 안중근이 16살 되던 해인 1894년 동학 농민 운동이 일어났어.

● **초패왕 항우** 중국 진나라를 멸망시키고 중국을 차지하기 위해 다툰 장수. 진을 멸망시킨 뒤 서초패왕이라 칭했다.

◆ 농민군 반대편에서 싸우다

농민들이 똘똘 뭉친 데에는 동학의 힘이 컸어. '사람이 곧 하늘'이라는 인내천 사상과 '새로운 세상이 열린다'는 동학의 가르침은 갖은 수탈로 고통받는 농민들에게 희망을 주었어. 조선 왕조가 무너지고 새로운 세상이 열린다는 예언까지 퍼져 나가자, 조정에서는 나라를 어지럽힌다면서 동학을 창시한 최제우를 처형했지.

동학을 믿다가 들키면 감옥에 가거나 심한 경우 목숨을 잃었어. 그러자 동학을 이용해서 백성들의 재물을 빼앗는 관리들도 등장했어. 부유해 보이는 사람을 동학교도로 몰아 잡아간 뒤 그 가족들이 뇌물을 들고 찾아오면 풀어 주는 식이었지.

조선 사회를 변화시켜야 한다고 생각한 일부 양반들도 동학을 믿었어. 전봉준도 그중 하나였어. 한약을 지어 주거나 서당에서 아이들을 가르치며 생계를 이어 가던 전봉준은 아버지의 죽음으로 전혀 다른 삶을 살게 되었어. 아버지 전창혁이 전라도 고부 군수 조병갑에게 항의했다가 곤장을 맞고 한 달 만에 죽고 말았거든.

1894년 1월 11일 새벽, 조병갑의 횡포를 견디다 못한 농민들이 전봉준의 지휘 아래 고부 관아로 쳐들어갔어. 조병갑은 이미 도망간 뒤였지. 전봉준은 관아 창고에 쌓여 있던 곡식들을 꺼내 농민들에게 나누어주고 억울하게 옥에 갇혀 있던 사람들을 풀어 주었어.

보통 민란이 일어나면 나라에서 보낸 조사관이 주동자를 처벌하는 한편, 잘못을 저지른 지방관에게도 책임을 물어야 하거든. 그런데 이번 사건은 달랐어. 조사관이 군수 조병갑을 감싸면서 백성들한테만 책임을 물었으니까. 전봉준을 비롯한 핵심 인물들은 이웃 고을로 도망쳐야만 했어.

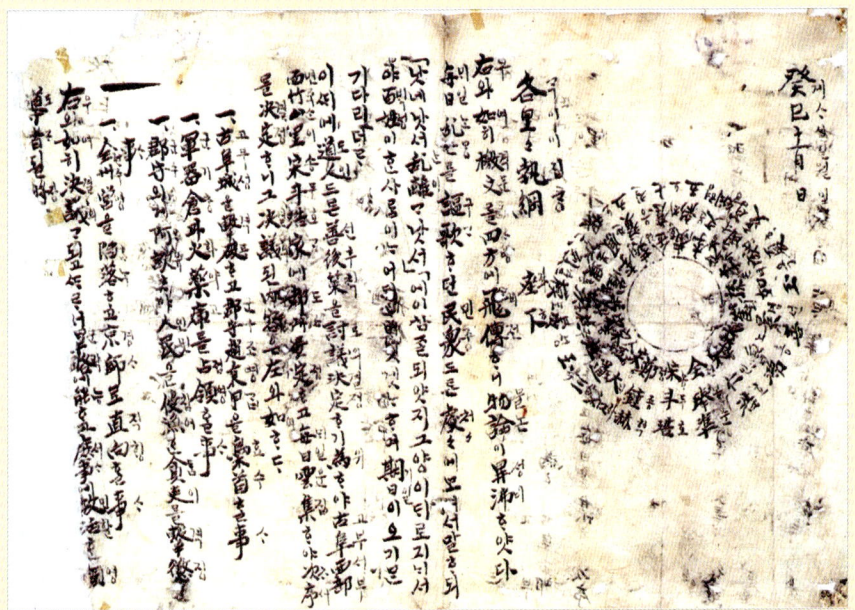

▲ 1893년 전봉준을 비롯한 20여 명이 거사 계획을 알리기 위해 돌린 사발통문
▼ 백산에 모인 동학 농민군. '나라를 구하고 백성을 편안하게 한다'는 뜻의 '보국 안민'이라는 글자가 쓰인 깃발을 들었다.

그러나 3월 25일에 고부 근처에 있는 백산으로 농민들이 다시 모이기 시작했어. 동학교도들이 농민군을 이끌고 온 거야.

관군을 무찌르고 앞으로 나아가던 동학 농민군은 4월 27일 전라도의 중심인 전주성을 차지했어. 전주성 밖에서 쏜 대포와 총소리가 신호탄이 되어, 농민군이 공격을 시작했어. 성 안팎에서 한꺼번에 몰려드는 공격에 전라 감사는 어쩔 줄 모르다가 전주성을 내어 주고 말았지. 농민군은 그 기세를 몰아 한성까지 가겠다고 했어.

동학 농민 운동을 주도한 전봉준과 달리 양반들은 대체로 농민들의 뜻을 이해하지 못했어. 물론 동학을 믿고 일찌감치 평등사상에 눈을 뜬 양반도 있긴 했지만. 그렇다면 안중근은 어땠을까? 나라와 백성을 생각하는 사람이니 당연히 농민들 입장에 섰을 것 같다고?

안타깝게도 안중근 부자는 대부분의 양반들처럼, 이를 단순히 조정에 대한 반란이라고 생각했어. 임금에게 충성하라는 가르침은 유교에서 가장 으뜸으로 내세우는 항목이었어. 그러므로 반란을 일으켜 나라를 위태롭게 하는 것은 곧 임금께 충성하지 않는 것이었고 유교의 가르침에 어긋난 것이었지.

만약 안중근 부자가 요즘처럼 다양하게 정보를 얻을 수 있었다면 어땠을까? 탐관오리 밑에서 힘겹게 살고 있는 백성들의 목소리를 들을 수 있었다면 그들의 선택은 달라지지 않았을까?

뼛속까지 유학자였던 안중근의 아버지 안태훈은 사람을 모아 토벌대를 만들었어. 반란 세력에 맞설 의병을 일으킬 계획이었지. 이때의 기억을 안중근은 〈안응칠 역사〉에 이렇게 기록하고 있어.

그 무렵 곳곳에서 동학당이 벌떼처럼 일어나 외국인을 배척한다면서 관리들을 죽이고 백성의 재산을 약탈하였다. 보다 못한 아버지는 사람들을 모아 동학당에 맞섰다.

– 〈안응칠 역사〉 중에서

〈안응칠 역사〉는 안중근이 의거를 일으킨 뒤 감옥에서 쓴 자서전이야. '안응칠'은 그의 어릴 적 이름이지.

안중근이 산 30여 년은 개항 후 열강의 침입이 거세지는 시기였어. 하얼빈을 울린 안중근의 총성은 시대의 한복판에서 외치는 조선 백성의 몸부림이었지.

간혹 안중근을 일제 강점기 인물로 잘못 아는 이도 있어. 그러나 안중근 의거는 조선이 일제에 강제로 병합되기 직전인 1909년의 일이야. 그가 사형된 해에 우리나라는 일본의 식민지가 되었지. 이처럼 그의 삶은 열강의 침략부터 조선이 망하기까지의 과정과 맞물려 있어.

안중근이 왜 이토 히로부미를 쏘았는지를 알려면 안중근 한 사람이나, 그 주변의 몇몇 사람만을 아는 것만으로는 부족해. 우리가 그 시대 세계정세를 알아야 하는 까닭이야.

안중근과 김구

안중근의 아버지인 안태훈

당시 안중근은 미처 몰랐으나, 아버지 안태훈의 토벌대와 대치하던 동학군의 지도자는 우리도 잘 알고 있는 인물이야. 나중에 수많은 독립운동가가 몸담은 대한민국 임시 정부를 이끌면서 우리나라의 독립에 앞장섰던 사람이지. 죽는 순간까지 남북 통일을 위해 애썼던 이 사람은 누구일까?

바로 백범 김구야. 안중근보다 세 살밖에 많지 않은 열아홉이라는 어린 나이였지만 김구는 차별 없는 세상을 꿈꾸는 동학의 가르침에 흠뻑 빠졌고, '접주'가 되어 동학군을 이끌었지.

아마도 안태훈이 올바른 판단을 하지 않았더라면 안중근과 김구는 적으로 만나 치열하게 싸웠을 거야. 다행히 안태훈은 사람 보는 눈이 있었어. 적으로 만났으면서도 김구가 평범한 사람이 아니라는 점을 알아본 거지. 싸움을 멈추기 위해 안태훈이 김구에게 몰래 사람을 보냈는데, 그 내용은 김구의 자서전 〈백범일지〉에서 확인할 수 있어.

우리가 있는 곳과 안 진사(안태훈)의 청계동은 불과 20리 거리에 있었다. 만일 내가 무모하게 청계동을 치려다가 패하기라도 하면, 좋은 인재를 하나 잃게 될 것이라며 그 점이 안타까워 안 진사가 나를 위하는 마음으로 이 밀사를 보낸다는 것이었다.

– 〈백범일지〉 중에서

두 사람은 상대방이 공격하지 않는 한 먼저 공격하지 않으며 어려운 상황에서 서로 돕기로 몰래 약속했지. 얼마 뒤 동학 농민군이 쫓기게 되었을 때 김구는 안중근의 집에 얼마간 피신해 있기도 했어. 이때 김구는 안중근을 처음 보았지. 안중근의 첫인상이 어땠는지 한번 볼까?

> 안 진사는 아들이 셋인데, 열여섯 살에 상투를 튼 맏아들 중근은 날마다 사냥을 다녔다. 영기가 넘치고 여러 군인 중에서도 사격술이 으뜸이어서 날짐승과 들짐승을 백발백중 맞히는 재주가 있었다.
>
> — 〈백범일지〉중에서

안중근과 김구 집안의 긴 인연은 이때부터 시작돼, 나중에 일제로부터 해방된 뒤까지 이어지지.

2부.
이토 히로부미의 계획

개항 이후 조선은 숨 가쁜 시간을 보냈다.
새로운 문물을 받아들이고 흡수하기에도 바쁜 시기였으나
안으로는 변화에 대한 목마름으로 개혁을 부르짖는 목소리가 높아졌다.
밖으로는 주변 나라들의 힘의 균형이 바뀌면서
한가운데 놓인 조선을 뒤흔들었다.
동아시아의 절대 강자였던 청나라가 쇠퇴하고 그 틈에
조선과 국경을 맞댄 러시아는 남쪽으로 힘을 뻗어 왔다.
근대 문물로 무장한 일본은 동아시아의 패권을 거머쥐며
새로운 강자로 등장하였다.
그 최전선에 이토 히로부미가 있었다.

청나라와 일본은 조선의 뜻과는 상관없이, 한반도에서 조선의 지배권을 놓고 전쟁을 벌였다.

1. 일본, 청나라를 무릎 꿇리다

◈ **조선에 군대를 보낼 빌미를 찾다**

"총리 각하! 조선이 청에 군대를 요청했다고 합니다."

"드디어 때가 왔군!"

동학 농민군을 진압해 달라며 조선이 청에 군대를 요청했다는 소식은 이토 히로부미에게도 전해졌어. 이토 히로부미는 주먹을 불끈 쥐며 10여 년 전인 1884년, 갑신정변 당시를 떠올렸어. 갑신정변은 일본의 지원을 약속받은 급진 개화파가 일으킨 정변이었으나, 결국 3일 만에 실패하며 그 주동자들은 뿔뿔이 흩어지고 말았지.

일본은 임오군란 때와 마찬가지로, 공사관이 불타고 일본인이 희생되었다면서 조선에 사과와 피해 보상을 요구했어. 그런데 뜻밖에도 조선에서는 일본이 정변에 관여한 책임을 추궁하는 한편 일본으로 도망간 김옥균을 돌려 보내라고 하는 거야. 이에 일본은 군대를 보내 조선을 위협하며 사과와 배상금을 받아 냈어.

그리하여 갑신정변 직후 한성에는 일본과 청, 두 나라 군대가 대치하면서 날 선 긴장감에 사로잡혔어. 일본은 상황이 좋지 않다고 여기고 청과 직접 담판을 벌이기로 했어.

1885년 이토는 전권대신*으로 임명되어 청나라와 톈진에서 조약을 맺었어. 두 나라는 조선에 주둔해 있는 군대를 철수하기로 약속하는 한편, 조선에 중대한 사건이 벌어져 파병할 경우 서로에게 알리기로 했지. 톈진 조약으로 일본은 조선에서 청과 대등한 위치에서 놓이며, 조선에 군대를 파견할 수 있는 길을 활짝 열어 놓았어. 그리고 마침내 10여 년 뒤인 1894년 일본이 오랫동안 기다려 온 기회가 찾아온 거야.

◈ 청나라를 기습 공격하다

조선 정부가 군대를 보내 달라고 요청하자 1894년 5월 7일, 청나라 군대가 아산만에 상륙했어. 일본은 톈진 조약을 내세워 파병하려다가 이 조약만으로는 근거가 부족하다는 것을 깨달았어. 그래서 임오군란 후 조선과 제물포에서 맺은 조약을 내세워 서둘러 군대를 보냈지. 이제 조선은 청군 2,500여 명과 일본군 7,000여 명이 대치하는 긴박한 상황에 놓였어.

이렇게 되자 조선 정부와 농민군은 몹시 당황했어. 두 나라 군대를 철수시키는 게 우선이라 생각했지. 그러려면 이번 일의 원인이 된 전주에서의 대치 상황을 끝내야 했어. 농민군은 자신들이 원하는 개혁안을 받아들인다면 전주에서 물러나겠다는 조건으로 정부와 화해하기로 했어. 농민군과 조정 대표가 전주에서 만나 맺은 이 약속을 '전주 화약'이라고 해.

겉으로나마 사태가 진정되는 듯 보이자 조선 정부는 두 나라에 군대를 철수하라고 요청했어. 청은 그러겠다고 했지만, 일본은 물러날 생각

---

* 전권대신 다른 나라에 국가를 대표하여 파견되는 외교 사절

아산만 풍도 앞바다에서 시작된 청일 전쟁을 묘사한 일본 화가의 그림

이 전혀 없었지. 청이 조선에서 완전히 손을 떼게 하려면 전쟁도 각오한다는 생각으로 왔으니까. 그러자 조선에 주둔하는 병력을 늘리는 수밖에 없다고 판단한 청은 군인 1,100여 명을 수송선에 태워 조선으로 보냈어.

7월 25일 아침, 인천 앞바다에 진을 치고 있던 일본 함대가 기습적으로 청의 수송선을 공격해 침몰시켰어. 그리고는 아산에 있던 청군을 격파한 뒤 선전 포고했어. 선전 포고는 전쟁을 일으키기 전에 하는 게 아니냐고? 하지만 일본은 공격을 먼저 한 뒤에 선전 포고를 했어. 그 내용을 보면 더 기가 막힐걸?

조선은 독립국임에도 청은 속국으로 취급하며 내정을 간섭했다. 많은 군사를 조선에 보내 일본의 권익을 해치고 동양 평화를 위태롭게 하면서까지 야망을 채우려 했으므로 싸움을 선언할 수밖에 없다.

청일 전쟁에 참가한 일본군

일본은 청으로부터 조선을 독립시켜 동양의 평화를 유지하고자 한다고 했어. 이 주장은 청과 전쟁을 벌이려는 그럴듯한 명분일 뿐이었어. 청은 일본이 조선을 장악하는 데 너무나 큰 걸림돌이었으니까. 청과 조선이 오랜 시간 긴밀한 관계를 유지해 왔기에 좀처럼 끊기 힘든 관계라는 건 일본도 잘 알고 있었거든. 일본은 조선과 청의 관계를 단칼에 잘라 내려고 전쟁을 선택한 거야.

◆ 준비된 전쟁

청나라는 일본과 비교할 수 없을 만큼 영토가 어마어마한 강대국이었어. 하지만 그 영토를 다스리는 황제가 제대로 역할을 하지 못한다면 어떻겠니? 당시 청나라가 그랬어. 청일 전쟁 무렵 청을 다스리던 사람은 서태후였어. 서태후는 나라를 어떻게 하면 잘 다스릴 수 있을지, 백성들의 삶을 나아지게 할 것인지 전혀 신경 쓰지 않았어. 예를 들면, 단지 여름을 시원하게 보내고 싶다는 마음에 호수만큼 커다란 인공 연못을 만들고 호화로운 별장을 지었지. 땅을 파고 물을 채우고 아름다운 건물을 짓는 데에는 엄청난 비용이 들었어. 자그마치 전함 3척을 만들 수 있는 많은 돈이었지.

이렇게 나라 살림이 엉망이 되는데도 반대하는 사람이 하나 없었어. 서태후의 비위를 건드렸다가 어떻게 될지 다들 잘 알고 있었기 때문이야. 정치에는 통 관심이 없고 권력을 누릴 줄만 알았으니 세상이 어떻게 변하는지 알 수나 있었겠어? 나날이 강성해지는 일본조차도 한낱 오랑캐라 여기며 우습게 보았지 뭐.

그러는 동안 일본은 우수한 장비를 갖춘 병력을 훈련하며 차근차근 전쟁을 준비해 나갔어. 청일 전쟁이 시작되면서 일본은 군대를 지휘하는 최고 사령부를 히로시마에 두었어. 일본 국왕은 전쟁이 끝날 때까지 군복을 입고 최고 사령부에서 생활하며 직접 전쟁을 지휘했어. 물론 그 자리에는 총리로서 이 모든 것을 계획한 이토 히로부미가 있었지.

아산만에서 시작된 전쟁은 바다와 육지에서 맞붙은 모든 전투에서 일본을 승리로 이끌었어. 청일 전쟁은 조선을 집어삼키려는 일본의 야욕이자 이토 히로부미의 야심찬 계획의 시작이었어.

일본은 최신식 무기를 앞세워 조선 침략의 걸림돌이 되는 동학 농민군을 짓밟았다.

2. 개혁을 주도한 일본의 속셈

◆ **경복궁을 점령하다**

청일 전쟁이 일어나기 며칠 전 새벽이었어. 갑자기 요란스럽게 총소리가 들리더니 앞을 막아서는 궁궐 수비대를 제치고 일본군이 경복궁으로 쳐들어왔어. 고종과 명성 황후가 지내던 궁궐을 일본군이 무력으로 점령한 거야.

날이 밝자 일본군의 호위를 받으며 흥선 대원군이 궁으로 들어왔어. 일본의 압력을 이기지 못한 고종이 대원군에게 모든 권한을 넘기면서 20여 년 만에 그가 다시 정권을 장악했지. 외국 세력을 배척하고 문호 개방을 반대했던 대원군이 일본의 도움으로 권력을 잡은 거야. 그러다 보니 대원군은 청나라와 친한 기존 민씨 세력 대신 김홍집 같은 개화파 인물들을 정권의 중심에 내세울 수밖에 없었어. 그리고 일본의 강요로 군국기무처라는 기관이 설치돼 여러 가지 개혁이 이루어졌어. 이것을 갑오개혁이라고 해.

겉보기에는 조선의 개혁을 외치는 것 같지만 그 내용은 일관되고 치밀하게 일본의 속셈을 담고 있었지. '청에 의지하지 않고 스스로 독립

한다.'와 같은 항목이 바로 그런 것들이야. 주변에 방해하는 큰 나라만 없다면 이제 막 국제 사회에 나온 조선쯤은 얼마든지 일본 마음대로 주무를 수 있겠다는 자신이 있었거든.

일본은 철도를 지을 수 있는 권리, 전기 통신에 대한 권리를 포함한 조선의 많은 이권을 빼앗아 갔어. 교통과 통신은 사람으로 치면 몸 구석구석을 연결하는 핏줄과 같은 거야. 즉 조선 곳곳을 장악하고, 더 나아가서는 조선을 발판 삼아 대륙으로 뻗어나가겠다는 계산이었지. 그뿐만이 아니었어. 일본은 청과 전쟁하는 동안 군인 식량을 비롯해 전쟁에 필요한 물자 제공을 조선에 떠넘겼어.

그러나 일본의 간섭에 대원군은 호락호락 넘어가지 않았어.

'내 잠시 일본을 이용해 정권을 잡았으나, 처음부터 그들과 함께 할 생각은 아니었다!'

이러한 흥선 대원군의 생각을 알아챈 이토는 수완이 좋고 노련한 이노우에 가오루를 새 조선 공사로 임명하고, 대원군을 비롯한 반일 세력들을 정권에서 몰아냈어. 이노우에는 일본에서 고위 관직을 여러 차례 지낸 경력이 있었어. 게다가 이토와는 젊은 시절부터 뜻을 함께 한 가까운 사이기도 했어. 이런 사람을 조선 공사에 앉혔다는 것은 조선을 실질적으로 쥐고 흔들며, 나아가 조선을 장악하겠다는 이토의 야심을 보여 주는 것이었지.

◆ 동학 농민군을 진압하다

정권이 차츰 일본의 손아귀에 들어가자 전봉준과 농민군은 일본과 싸워 나라를 구하자는 뜻의 '항일구국' 깃발을 들고 다시 일어났어. 농

▲ 경복궁을 포위한 일본군
▼ 동학 농민군의 무기를 걷어 가는 일본군

체포돼 감옥에 갇혔다가 재판을 받으러 가는 전봉준

민군은 공주 우금치에서 관군과 일본군을 맞아 싸움을 벌였어. 그러나 농민군의 죽창은 일본군의 최신식 무기 앞에서는 아무 힘을 쓸 수 없었어. 농민군의 시신이 산처럼 쌓이고 이들을 이끌던 전봉준은 끝내 처형되고 말았지. 관리들의 수탈에 시달리지 않고 차별 없는 세상에서 살기를 꿈꿨던 농민군의 봉기는 이로써 실패로 끝났어. 하지만 평등과 자유를 꿈꾸는 의지마저 일본에 무릎 꿇진 않았어. 새로운 세상을 꿈꾸는 소망은 언젠가 다시 타오를 날을 기다리며 사람들 마음속 깊이 자리 잡았단다.

　동학 농민군이라는 걸림돌을 제거한 이노우에 조선 공사는 조선의 제도를 일본식으로 개혁하는 한편, 전라·경상·충청의 넓은 곡창 지대를 담보로 하여 조선이 일본에 큰돈을 빌리도록 했어. 다른 나라에서 돈을 빌려 오는 것을 차관이라고 하지. 일본은 차관을 이용해 조선의 개혁 정책을 적극적으로 추진하는 한편, 이를 미끼로 조선의 이권을 차지하려는 생각이었어. 그러나 뜻대로 되지 않자 이노우에 공사가 이토에게 이 사실을 보고했어.

"조선에서 우리에게 차관 쓰기를 몹시 꺼리는데 어쩌지?"

"이노우에, 무슨 방법을 써서라도 조선이 차관을 쓰게 해야 하네. 일단 개혁이 시작되면 비용은 늘어날 수밖에 없다네. 결국 우리에게 빌린 돈으로 또 다른 돈을 갚아야 하는 지경에 이를 거야. 그때가 되면 조선은 빚의 늪에서 빠져나오고 싶어도 절대 나올 수 없게 되지. 그러니 이 일은 단순히 돈을 빌려주고 말고의 문제가 아니라네. 조선의 경제를 우리 일본이 차지하느냐 마느냐를 결정짓는 중대한 일이지."

그러나 조선 정부는 일본의 이권 요구에 강하게 반발하고 나섰어. 결정적으로 일본의 속셈을 눈치 챈 러시아가 끼어들면서 일본은 이 계획을 포기할 수밖에 없었지.

청일 전쟁에서 승리한 일본에 위기감을 느낀 러시아·독일·프랑스. 이 세 나라는 급기야 일본을 위협했다. 그러자 일본은 러시아에 원한을 품게 된다.

3. 러시아의 방해와
삼국 간섭

◈ 랴오둥 반도를 손에 넣다

　청과의 전쟁에서 일방적으로 이기자 승리에 취한 일본 안에서는 전쟁을 지휘하는 군 최고 사령부를 청나라 뤼순으로 옮겨야 한다는 주장이 나왔어. 군 최고 사령부가 있는 히로시마가 전쟁터에서 너무 멀리 떨어져 있다는 이유였지. 또한 일본이 동양의 우두머리로서 서양 열강과 대등한 위치에 오르려면, 청의 수도 베이징을 공격하여 청의 항복을 받아내야 한다고도 했지. 더 나아가 랴오둥 반도를 비롯한 청나라 땅 일부를 넘겨 받고 많은 배상금과 통상 이익도 보장받아야 한다고 목소리를 높였어.

　그러나 이토는 훨씬 더 신중했어.

　"잠깐의 성공에 취해 성급히 결정할 문제가 아니오. 만약 일본이 베이징을 정복하여 청이 무너지거나 혼란스러워진다면 상황이 어떻게 되겠소?"

　다들 대답하지 못하고 이토만 바라보았어. 이토가 무슨 생각인지 짐작할 수 없었거든.

"지금 전 세계의 이목이 청나라에 집중되어 있소. 잘못했다가는 이권을 차지한 서구 열강을 자극할 수 있다는 뜻이오. 우리가 그랬듯 그들도 자기 나라 국민을 보호한다는 명목으로 연합한다면…… 그런 상황은 결코 일본에 득이 되지 않소이다."

이토의 말에 다들 수긍하는 눈치였어. 이토는 일본 국왕을 보며 천천히 입을 열었어.

"그보다는 먼저 타이완을 점령하는 편이 어떨까 합니다. 강대국들의 관심에서 벗어나 있는 타이완은 우리가 차지해도 큰 문제가 되지 않으리라 봅니다만."

침착한 말투만 들어서는 이토가 단지 의견을 말한 듯했으나, 사실상 명령이나 마찬가지였어. 일본 국왕이 자신을 무척이나 신뢰한다는 것을 잘 알았으니까. 역시나 국왕이 이토 의견을 받아들였어.

"서구 열강이 연합해 우리 일본을 간섭할 가능성이 크다는 의견은 참으로 옳다. 이토 공과 함께 이번 전투 역시 승리로 이끌 테니 대신들도 믿고 기다려 주길 바란다."

그럼에도 계속되는 일본의 승리를 불안한 눈으로 지켜보던 서구 열강이 마침내 중재에 나섰어. 청일 전쟁을 매듭 짓기 위해 일본 시모노세키에서 이토와 청나라의 리훙장이 만났어. 두 사람은 10여 년 전 갑신정변의 결과 맺은 텐진 조약 당시 만난 적이 있어 서로 잘 알고 있었어. 밀고 당기는 몇 차례 회담 끝에 드디어 합의에 이르렀어. 청일 전쟁이 시작된 지 8개월 만이었지.

"우리는 랴오둥 반도와 타이완, 그 주변의 작은 섬들을 일본에 넘기는 것에 동의하오. 또한 충칭 등 도시 네 곳을 더 일본에 개방하도록 하겠소. 일본을 최혜국으로 대우하는 것은 물론이고요."

시모노세키에서 이토 히로부미와 리홍장이 조약을 체결하는 모습을 담은 신문 삽화. 실제와 달리 평화적으로 체결된 것처럼 묘사되었다.

쓸쓸한 리홍장의 말에 이토가 몸을 앞으로 내밀며 확인하듯 되짚었어.

"한 가지 더 있잖소? 청은 조선이 독립국임을 인정한다! 이후로 청이 조선 내정에 간섭하는 일은 없어야 할 것이오."

협상을 마친 이토는 군 최고 사령부가 있는 히로시마로 돌아왔어. 그를 환영하려고 시민들이 길을 가득 메웠어. 일장기를 흔들며 환호하는 사람들 사이로 폭죽이 터졌지. 비록 전쟁으로 많은 사상자를 내기는 했으나 청일 전쟁에서 승리하면서 일본인의 자긍심은 한껏 높아졌어. 아시아 끄트머리에 있는 조그만 섬나라인 일본이 아시아의 주인 노릇을 해 왔던 대국을 꺾은 셈이었으니까.

무엇보다 조선을 침략할 때 더 이상 청나라의 눈치를 볼 필요가 없다는 점과, 대륙으로 나아갈 발판이 될 랴오둥 반도를 얻은 것은 가장 큰 성과라고 할 수 있었지. 아울러 타이완을 식민지로 삼음으로써 서구 열강과 어깨를 나란히 할 수 있게 된 것은 일본의 또 다른 자부심이었어.

◆ 자존심을 구긴 일본

얼지 않는 항구를 얻기 위해 남쪽으로 진출하려는 러시아에게 일본은 큰 방해가 되었어. 만주로 뻗어 나가려는 러시아 눈에 랴오둥 반도를 꿰찬 일본이 곱게 보일 리 없었지. 러시아는 영국·프랑스·독일에 일본의 야욕을 알리며 이를 막아야 한다고 주장했어. 당시 프랑스는 러시아와 동맹 관계였기에 동의했고, 독일은 유럽으로 뻗어 오는 러시아의 관심을 아시아로 돌리는 것도 나쁘지 않겠다며 뜻을 함께했어. 다만 영국만큼은 일본과 손을 잡는 편이 자기네한테 유리하겠다고 생각하여 빠졌지.

시모노세키 조약을 맺은 날로부터 6일이 지났을 때, 러시아·프랑스·독일 공사가 이번 조약에 대한 의견을 일본 측에 전달했어. 일본이 랴오둥 반도를 차지하면 동양의 평화를 위협하기에 이를 토해 내야 한다는 내용이었지. 이들 세 나라가 일본에 간섭했다고 해서 이를 '삼국 간섭'이라고 해.

"참으로 괘씸한 일이 아닙니까? 전쟁에서 이긴 나라로서 당연하게 넘겨받은 땅을 전혀 상관도 없는 나라에서 참견하니 말입니다."

일본 정부의 대신들은 세 나라에 몹시 분개했지. 분을 이기지 못한 나머지 러시아와 전쟁을 벌여서 본때를 보여 주자는 의견도 나왔어. 잠자코 있던 이토가 조용히 일어서자 다들 그를 바라보았어.

한성 거리를 행진하는 외국 공사관 경비들. 각 나라 공사관을 지킨다는 명목으로 조선에 온 러시아·프랑스·미국 군대가 보인다.

"이미 예견하고 있던 일이니 놀랄 것도, 분하게 여길 일도 아니오. 우리는 청과 이제 막 전쟁을 끝냈소. 안타깝게도 러시아뿐 아니라 그 어느 나라와도 다시 전쟁을 치를 수 있는 상황이 아니란 말이오. 게다가 러시아는 세계 최강의 육군과 해군을 자랑하고 있으니 더더욱 신중해야 하오. 지금은 한발 물러날 때요."

일본 정부는 결국 세 나라의 의견을 받아들여 랴오둥 반도를 청에 돌려주기로 했어. 그러나 한편에서는 더 많은 군사를 길러 내자는 움직임이 일기 시작했어. 대륙으로 진출하려면 머지않아 러시아와 부딪힐 게 뻔하니 그때를 대비하자는 것이었지. 랴오둥 반도를 돌려주는 대신 청에게 배상금 3천만 냥을 더 받아 낸 일본은 그 돈을 전쟁 자금으로 썼어. 앞으로 러시아와 벌일 전쟁에 대비하여 군대를 양성하고 무기를 사들였지. 더 멀리 나가기 위해 한발 뒤로 물러섰을 뿐, 조선을 발판 삼아 대륙으로 나아가겠다는 일본의 들끓는 욕망은 식을 줄 몰랐어.

그때까지도 조선은 경복궁 습격 사건으로, 김홍집을 중심으로 한 친일 정권이 권력을 잡고 있었어. 그러나 러시아의 활약으로 일본이 굴복하자 조선 정부에 새로운 희망이 싹트기 시작했어. 바로 러시아를 이용해 일본을 물리치자는 것이었지.

아편 전쟁으로 연해주를 얻으면서 조선과 국경을 맞닿게 된 러시아는 지리적으로도 조선과 매우 가까운 나라가 되었어. 그에 힘입어 친일파에 대항하는 친러파도 생겨나게 되었지. 특히 친일 정권에 의해 권력에서 밀려나 있던 고종과 명성 황후는 그 누구보다 러시아의 등장이 반가웠어. 명성 황후는 러시아 공사 베베르를 불러 나랏일을 상의하는 한편 친러파를 중요한 직책에 앉혔어.

삼국 간섭으로 조선 안에서 친일 세력이 약해지고, 이노우에 공사가 진행하던 정책도 펼칠 수 없게 되었다는 소식은 이토에게 보고되었어. 이토는 줄곧 유지하고 있던 침착성을 잃고 분노로 몸을 떨었어.

"조선을 차지하려고 전쟁까지 마다하지 않았건만! 청을 떼어 놓으니 러시아와 붙어? 미꾸라지처럼 요리조리 빠져나가겠다면 확실하게 끝내는 수밖에!

1895년 10월 8일 새벽, 명성 황후가 경복궁에 들이닥친 일본인들 손에 살해되었다.
이 사건은 러시아와 손을 잡고 일본을 따돌리려는 조선 정부에 내린 일본의 극악한 조치였다.

4. 일본의 작전명, 여우 사냥

◈ 남의 나라 왕비를 살해하다

이토는 미우라 고로를 새로운 조선 공사로 보내기로 마음먹었어. 그러나 미우라는 조선에 관심 없을 뿐 아니라 외교에 대해서도 아는 바가 없다는 이유로 거절했어. 이토는 포기하지 않고 계속 설득했어. 자신이 지금 계획하고 있는 일을 가장 잘 끝마쳐 줄 사람이라고 확신했으니까.

'총리께서 평생 군인이었던 나를 조선 공사로 보내려고 이토록 정성을 들인다면 분명 그 이유가 있을 것이다. 무슨 일이든 대일본 제국을 위해서라면 이 한 몸 희생할 준비가 되어 있다. 내가 필요하다면 가야지!'

미우라가 조선으로 떠나기 전, 일본 대신들이 모두 참석하여 환송식을 열어 주었어. 미우라가 맡은 일이 그토록 중요했던 거야.

미우라가 한성에 도착한 때는 1895년 9월 1일이었어. 그런데 이전 공사인 이노우에는 미우라가 도착한 뒤에도 2주나 더 머물렀어. 더 납득하기 어려운 것은 이노우에가 떠난 뒤에도 미우라가 한동안 외부 활동을 하지 않은 채 공사관에만 머물렀다는 점이었어. 환영식은 둘째 치더라도 조선 공사의 일을 수행하기 위해서는 기본적으로 해야 할 일들이 있었어. 예를 들면 각국 외교관들과 만나 인사를 나누는 일 같은 것들이지. 그런데 미우라는 제 존재를 숨기기라도 하듯 아무것도 하지 않았어.

 1895년 10월 8일 새벽 5시경, 경복궁의 정문인 광화문에서 요란한 총소리가 들리며 소란이 일어났어. 궁궐을 지키던 조선군 훈련대장 홍계훈이 총에 맞아 그 자리에서 숨졌지. 잠시 뒤 흥선 대원군이 탄 가마가 궁궐로 들어섰어. 가마가 궁궐 마당에 내려지는 동안 한 일본인 무리가 서둘러 경복궁 가장 안쪽에 있는 건청궁을 향해 달려갔어.

 그곳에는 고종과 명성 황후가 지내고 있었어. 이들이 찾는 사람은 바로 명성 황후였어. 하지만 명성 황후의 얼굴을 알지 못했기에 왕비의 처소인 곤녕합에 도착해서는 궁녀들을 마구 끌어내어 잔인하게 칼을 휘둘렀어. 그러는 동안 고종은 임금의 처소인 장안당에 감금되어 있었지.

 궁내부 대신 이경직이 명성 황후를 보호하러 달려갔으나 일본인의 칼에 맞아 죽고 말았어. 일본인은 명성 황후를 끌어내 내동댕이친 뒤 가슴팍을 발로 짓밟고는 칼로 찔렀어. 그러고는 곁에 있던 궁녀들도 함께 죽였어. 혹시라도 그들 중 명성 황후가 있을까 싶어 일을 확실히 마무리 짓기 위해서였지. 그런 뒤 증거를 없애기 위해 근처 숲으로 시신을 옮겨 불에 태웠어.

◆ 일본의 철저한 은폐 작전

 조선의 왕비를 죽인 이 사건을 일본에서는 '여우 사냥'이라 불렀어. 이토의 계획은 명성 황후와 대립하던 흥선 대원군을 끌어들여, 권력 다툼 끝에 명성 황후가 살해되었다고 꾸미려는 것이었어. 이토의 글에 이와 관련된 내용이 자세히 남아 있으니 한번 볼까?

▲ 명성 황후의 시신을 잠시 놓아 두었던 옥호루. 이곳은 왕비의 처소인 곤녕합에 딸린 누각이다.
▼ 명성 황후 장례식

미우라가 공사로 임명될 무렵 조선에서는 왕비와 대원군의 권력 다툼이 몹시 심각했다. 왕비와 대원군, 미우라 공사와 러시아 공사 베베르의 대결 관계가 뒤섞인 혼란스러운 상황을 틈타, 대원군은 일본인 몇 명과 조선 군인을 이끌고 한밤중에 궁궐로 들이닥쳐 정변을 일으키고 친일 정부를 조직했다. 이 소동으로 왕비가 살해되었다.

위 글만 보면 권력에 눈이 먼 대원군이 정변을 일으켜 명성 황후를 죽인 것처럼 되어 있어. 만약 이토의 계획대로 되었다면 흥선 대원군이 꼼짝없이 뒤집어썼을 테지. 한밤중에 대원군을 데려온 이유가 다름 아닌 명성 황후 살해 사건의 누명을 씌우기 위해서였으니까.

하지만 흥선 대원군은 한밤중에 느닷없이 들이닥친 일본군이 뭔가 께름칙했던가 봐. 이런저런 핑계를 대고 일부러 천천히 준비하며 늑장을 부린 통에 대원군이 궁에 도착했을 때는 원래 계획한 시각에서 두 시간쯤 지나 있었어. 모두 잠든 깊은 밤에 일을 끝마쳐 완전 범죄를 꿈꾸었던 이토의 계획이 어그러지고 말았지.

이미 날이 밝아 오고 있었기에 궁 안팎에는 돌아다니는 사람들이 있었어. 요란한 총성에 놀란 수많은 사람들이 광화문 앞으로 모여들었고, 급기야 피 묻은 칼을 들고 황급히 궁궐을 빠져나가는 일본인들을 두려운 눈으로 지켜보고 말았지.

누구보다 확실한 목격자였던 미국인 교관 다이 장군과 러시아 건축 기사 사바틴은 이 사건에 일본이 관여했음을 증언했어. 한 해 전인 1894년 경복궁 습격 사건을 경험한 고종과 명성 황후는 서양인을 교관으로 삼아 조선군 시위대를 기르고 궁궐 수비를 강화했어. 그래서 두 외국인이 때마침 가까이에 머물러 있었거든.

그럼에도 미우라는 대원군이 일으킨 사건이라며 거짓말을 했어. 그러나 서양 강대국에서도 비난 여론이 일자 일본은 미우라를 조선 공사에서 해임했어. 감옥에 갇힌 뒤에도 내내 당당한 태도를 보인 미우라는 이듬해 1월 증거가 불충분하다며 풀려났지.

미우라가 조선 공사로 부임한 9월 1일부터 10월 8일, 명성 황후가 살해되기까지 38일이 걸렸어. 그중 이전 공사였던 이노우에와 함께 있던 20여 일을 제외하고도 미우라는 외교관으로서 아무런 역할도 하지 않았어. 그저 공사관 집무실에서 불경만 외우는 척하며 시간을 보내다 한성에 온 지 몇 주 만에 왕비를 죽인 거야.

◈ 누구의 계획인가

이토는 어째서 조선에는 관심도 없고 외교는 전혀 모른다는 미우라를 굳이 조선 공사로 보냈을까? 당시 일본 정부로서는 이노우에가 추진했던 방식이 통하지 않자 새로운 돌파구가 필요했어. 게다가 친일 세력이 쫓겨난 조선 정부 주요 직책을 친러파가 차지하자 극단적인 방법도 가리지 않게 된 거야. 이토는 그 잔인한 일을 눈 깜짝하지 않고 해낼 사람으로, 군인 출신이며 직선적인 미우라가 가장 적합하다고 보았지.

훗날 의거를 일으킨 안중근도 법정에서 이토의 죄목을 짚으며 그를 명성 황후 살해 사건의 범인으로 지목하기도 해. 그렇지만 이토가 명성 황후를 죽이도록 명령했다는 기록은 남아 있지 않아. 이토는 1904년에 일어난 러일 전쟁 이후에나 드러내 놓고 우리나라 침략에 나서거든. 그러나 미우라를 공사 자리에 앉힌 사람이 이토라는 사실 말고도, 이 사건의 중심에 그가 있음을 추정할 수 있는 이유는 많아. 미우라를 비롯해 사건과 관련된 사람들이 감옥에서 쉽게 풀려나온 점, 수많은 사람의 증언이 이토의 기록과 다른데도 줄곧 흥선 대원군이 저지른 것으로 주장한다는 점 등등. 무엇보다 실질적인 권력자였던 총리의 결정 없이 정치적으로 중요한 왕비의 살해 사건은 일어날 수 없는 일이었어. 총리였다는 사실 하나만으로도 이토는 이 사건에서 발을 뺄 수 없는 거야. '을미년에 일어난 변고'라는 뜻으로 을미사변이라 불리는 이 사건은 이토가 계획하고 미우라의 지휘로 이루어진 '국가적 범죄'였어.

한편, 이 무렵 안중근 가족에게도 좋지 않은 일이 일어났어. 누가 아버지 안태훈을 찾아 와 참으로 어이없는 소리를 했지.

"작년 전쟁(1894년 동학 농민 운동) 때 안 진사께서 동학당을 물리치고 가져온 곡식 천여 포대는 본래 그 자들의 물건이 아니었소. 절반은 탁지부 대신 어윤중 대감이 사들인 것이고, 나머지 절반은 전 선혜청 당상 민영준 대감이 추수한 곡식인데 동학당에서 빼앗아 간 것이라오. 이제 진짜 주인을 알았으니 그분들께 돌려드리시오."

당시 세력가였던 어윤중과 민영준이 잃어버린 곡식을 찾는다는 것이었지. 안태훈은 엄연히 동학 농민군에게서 빼앗아 온 곡식이기에 말도 안 된다고 생각했어. 하지만 상황은 안태훈에게 좋지 않게 돌아갔어. 급기야 가족 모두 몸을 피해야 하는 상황에까지 이르렀지.

고민 끝에 안태훈은 가족들을 이끌고 천주교 예배당으로 몸을 피해 한동안 흔적을 남기지 않은 채 살아가기로 했어. 프랑스인 선교사 빌렘 신부의 도움을 받아 몇 달간 자취를 감춘 끝에 그 일은 다행히 잘 해결되었지.

이 일을 계기로 안중근과 가족들은 천주교 신자가 되었어. 1897년 1월에는 안중근과 가족, 친척 등 서른여섯 명이 동시에 세례를 받았지.

이때 받은 안중근의 세례명이 '토마스'야. 안중근을 '도마'라고도 부르는데, 이는 '토마스'의 한자식 표현이지.

영국과 손잡은 일본은 러시아를 무너뜨리고 동아시아의 강대국으로 우뚝 올라선다.

5. 강력한 라이벌 러시아를 누르다

◆ 일본, 러시아와 전쟁을 시작하다

을미사변 이후 고종은 일본의 감시를 피해 러시아 공사관으로 거처를 옮겼어. 이 사건을 아관 파천이라고 해. 1년 뒤 고종이 돌아간 곳은 경복궁이 아닌 경운궁이었어. 서양 여러 나라 공사관이 모여 있는 정동에 자리한 경운궁에서, 고종은 자주독립국을 선언하며 나라 이름을 '대한 제국'으로 바꿨어.

대한 제국이 국제 사회에 존재감을 알리고 근대 문물을 적극적으로 받아들이는 동안 일본 정부의 핵심이었던 이토에게도 변화가 일어났어. 1896년 총리 자리에서 물러난 이토는 숨 가쁘게 달려왔던 시간을 뒤로하고 유럽 여러 나라와 미국, 대한 제국, 청나라를 여행하며 시간을 보냈어. 얼마 지나지 않아 일본 정부는 다시 이토를 불러들였지. 그러나 이토는 국내 정치보다 외교

대한 제국을 선포한 고종

영국과 일본의 동맹 관계를 풍자한 그림. 작은 아이로 묘사한 일본 뒤에서 영국이 왼쪽에 앉은 러시아와 전쟁을 부추기고 있다.

에 훨씬 자신 있었어. 여행하는 동안에도 그의 머릿속은 러시아에 빼앗긴 주도권을 다시 쥐겠다는 생각으로 가득했지.

그 사이 일본은 러시아를 견제하던 영국과 동맹을 맺었어. 삼국 간섭으로 랴오둥 반도를 빼앗긴 것도 억울한데, 러시아의 방해를 받게 되었으니 일본은 더는 전쟁을 미룰 필요가 없다고 보았어. 마침내 1904년 2월 일본이 러시아를 공격하며 전쟁이 시작되었어. 이토는 러일 전쟁을 결정짓는 모든 과정에 참여했어.

인천 앞바다에서 일본 해군이 기습적으로 러시아 함대를 향해 대포를 쏘았어. 러일 전쟁은 그 시작부터 1894년에 벌어진 청일 전쟁과 판박이였어.

일본은 곧바로 랴오둥 반도 끝에 있는 뤼순에서 러시아 극동 함대를 격파해 기선을 제압했어. 러시아 함대에 기습 공격을 한 이틀 뒤에야 일본 국왕이 러시아와 전쟁을 벌인 이유를 발표했어. 이번에도 뒤늦은 선전 포고였지.

> 만약 러시아가 만주를 점령한다면 대한 제국의 안전은 장담할 수 없을 것이다. 극동*의 평화도 없다. (…) 따라서 대한 제국의 안전과 동양의 영원한 평화를 위해 일본은 러시아와 싸우고자 한다.

전쟁의 목적이 마치 동양의 평화인 양 거창하게 말했지만, 다른 속셈이 있었음은 러일 전쟁이 벌어지기 몇 년 전 이토가 러시아를 다녀갔다는 사실로도 짐작할 수 있어. 이토는 러시아에서 특사**로 대접받았고, 러시아 황제 니콜라이 2세와 람스돌프 외상***을 만나 긴밀하게 이야기를 나눴어. 정말 개인적인 여행이었다면 특사로 대접받고 외교적인 일로 상의할 이유도 없었겠지.

이때 이토는 러시아에 한 가지 제안을 해.

"만약 러시아가 대한 제국을 일본의 세력권으로 인정하면 우리 일본도 만주에서 러시아의 이익을 인정하겠습니다. 이 정도면 꽤 괜찮은 제안이라고 생각하는데요, 어떻습니까?"

만주와 대한 제국을 교환하자는 이 협상안은 이토가 줄곧 주장한 내용이기도 했어. 이후 몇 차례 더 협상하려고 했으나 러시아는 끝내 거절했지. 결국 다른 해결책을 찾지 못한 일본에서는 러시아와 전쟁을 하는 수밖에 없다고 결론 내렸어.

◈ 영국, 일본 승리에 힘을 보태다

주변 나라의 기운이 심상치 않게 돌아가자 대한 제국은 1903년 3월

---

* 극동 유럽에서 한국·중국·일본 등 아시아 대륙 동부와 그 주변의 섬들을 가리켜 '아시아 대륙의 동쪽 끝'이라는 뜻으로 부르는 말
** 특사 특별한 임무를 위해 나라를 대표하여 외국으로 보내는 사람
*** 외상 외무부의 최고 책임자

유럽인들의 시각이 담긴 러일 전쟁 풍자화. 대한 제국과 일본 열도를 디딘 일본이
거인인 러시아를 올려다보고 있다. 서양 열강이 관람하는 가운데, 청나라는 밖에서 이를 지켜보고 있다.

과 1904년 1월 두 번에 걸쳐 중립을 선언했어. 러시아와 일본의 분쟁에 끼어들지 않겠다는 의사를 밝힌 것이었지. 그럼에도 러시아와 전쟁을 시작하자마자 일본은 한성에 군대를 보냈어.

러일 전쟁이 시작된 지 2주 뒤에는 강압적인 분위기 속에서 대한 제국에 한일 의정서 체결을 강요했지. 러시아와 전쟁 중인 것만으로도 버거울 텐데, 대한 제국과는 또 무슨 협정을 맺었느냐고? 일본은 대한 제국이 러시아를 도울까 봐 걱정되었던 거야. 아래 한일 의정서의 주요 내용을 보면 그 사실을 명확히 알 수 있어.

정치를 포함하여 전반적인 나랏일에 일본의 충고를 받아들인다.
일본의 전쟁에 무조건 협력한다.

일본의 충고를 받으라는 것은 결국 대한 제국의 정치에 간섭하겠다는 뜻이었어. 그리고 일본이 대한 제국을 군사 기지로 삼아 러시아를 공격하도록 허락한다는 뜻이 담겨 있기도 했지. 한마디로 일본은 대한 제국의 중립 선언을 아예 무시했을 뿐 아니라 내정 간섭을 허용하게 함으로써 공식적인 식민지로 만드는 길을 열어 놓은 셈이었어.

러시아 극동 함대를 격파한 일본은 그 기세를 몰아 만주로 갔어. 일본군에 밀린 러시아군은 북만주까지 쫓기고 말았지. 그러자 러시아는 유럽 발트 해에 있던 발틱 함대에 명령을 내려 전쟁에 합류하게 했어. 발틱 함대가 아시아로 오는 지름길은 수에즈 운하를 지나는 것뿐이었어. 하지만 수에즈 운하를 차지하고 있던 영국이 이를 순순히 허락했을까?

영국은 일본의 동맹국으로서 약속을 충실히 지켰어. 러시아의 발틱 함대를 통과시키지 않았으니까. 영국의 결정은 일본에 예상치 못한 큰

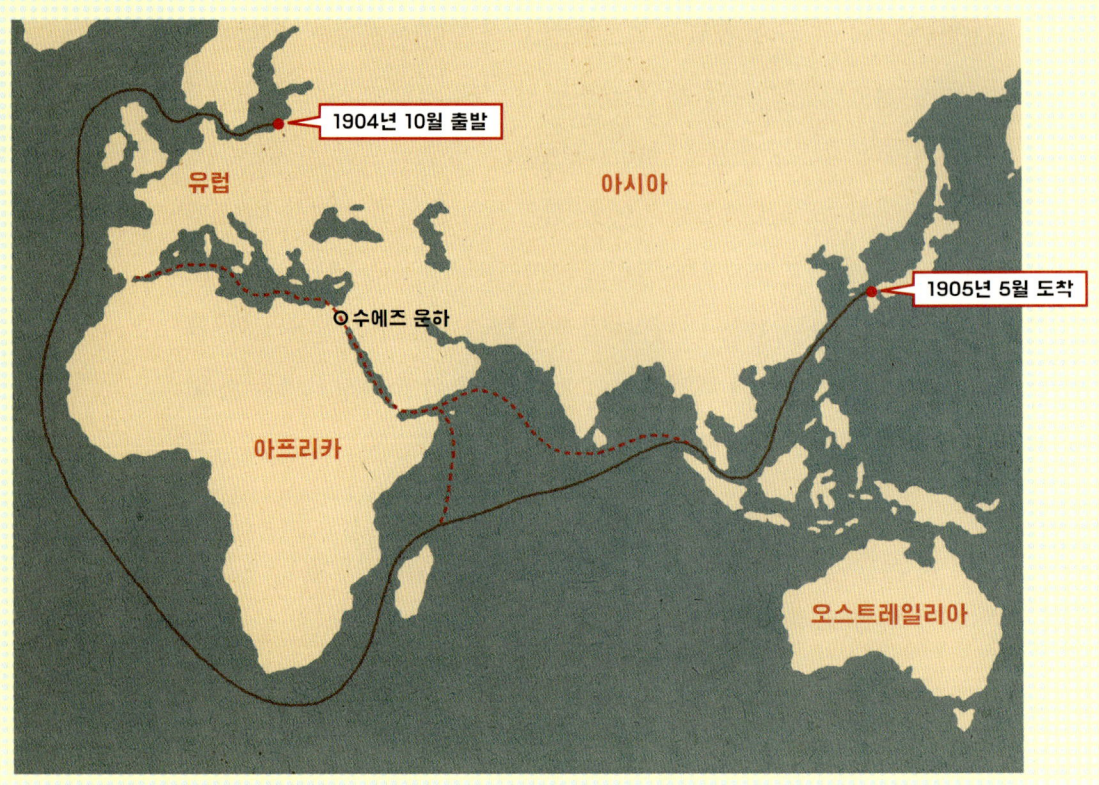

―――――― 러시아 발틱 함대의 경로
－－－－－－ 수에즈 운하를 통과하는 경로

행운을 안겨 주었어.

　수에즈 운하가 막히자 발틱 함대는 하는 수 없이 멀리 아프리카를 돌아와야 했어. 그 사이 러시아 군사들은 많이 지쳐 전투를 치를 수 있는 상태가 아니었지. 반면 일본군은 발틱 함대에 맞설 준비를 다 마친 상태였어.

　전투력에서 앞섰을 뿐 아니라 강력한 무기를 가진 러시아는 군사력이 일본과 비교가 안 될 정도로 우월했지만, 일본의 기습 공격과 영국의 방해로 힘 한번 제대로 쓰지 못했어. 결국 지구를 거의 한 바퀴나 돌아온 러시아의 발틱 함대는 잠복해 있던 일본 연합 함대의 공격으로 침몰하고 말았어.

　이 무렵 러시아에서는 황제의 정치에 반대하며 노동자들이 시위에 나서는 바람에 전쟁을 이어 갈 수 없었어. 일본도 수십만 명이 죽거나 다친 데다 엄청난 전쟁 비용이 들어 한계에 다다른 상황이었고. 그때 미국이 중재에 나섰지. 1905년 9월 러시아와 일본은 포츠머스 조약을 맺으며 전쟁의 막을 내렸어. 이 조약으로 러시아는 대한 제국과 남만주에서 일본의 권리를 인정하고, 러시아의 영토인 사할린 남부를 일본에 내주어야 했지.

◈ 일본의 검은 속내를 몰랐던 지식인들

　러일 전쟁은 대상이 청나라에서 러시아로 바뀌었을 뿐이지 대한 제국을 차지하고, 동아시아의 새로운 주인이 일본임을 세계에 알리고자 하는 목적까지 청일 전쟁과 같았어. 10년에 걸쳐 두 번의 전쟁을 치르면서 일본은 마침내 대한 제국과 관련된 모든 장애물을 제거했어.

러일 전쟁 때 일본군의 물자를 나르는 데 강제 동원된 대한 제국 사람들(오른쪽)

1905년 10월, 일본 정부에서는 강제로라도 대한 제국의 외교권을 차지하겠다는 구체적인 사항을 정리했어. 무력을 사용해서라도 말이지. 청일 전쟁과 러일 전쟁으로 국제적인 힘의 균형이 완전히 무너진 상태에서 일본을 방해할 나라는 없었어. 일본에서는 대한 제국에 보낼 특사로 이토를 선택했어. 그의 나이 64세였지.

일본이 대한 제국을 차지하기 위해 10여 년에 걸쳐 청과 러시아 두 나라와 전쟁을 벌였건만, 안타깝게도 당시 사람들은 일본의 검은 속내를 정확히 알아채지 못했어. 특히 러일 전쟁 때는 배웠다는 사람들마저도 한목소리로 일본 편을 들었어. 일본이 러일 전쟁을 일으킨 이유가 러시아의 침략으로부터 대한 제국과 청의 독립을 지켜 주기 위해서라고 생각했거든. 순진하게도 일본이 러일 전쟁을 시작하면서 밝힌 선전 포고문을 그대로 믿었던 거야. 대한 제국의 지식인들은 러일 전쟁을 일본의 말처럼 서양 대 동양의 대결로 보았어. 그래서 같은 동양인인 일본의 편을 든 거야.

27살 청년 안중근도 그와 비슷한 생각을 하고 있었어. 하지만 러일 전쟁 소식을 들은 친한 프랑스인 빌렘 신부는 걱정스럽다는 듯 한탄했어.

"토마스, 대한 제국이 장차 위태롭게 되었습니다."

"어째서 그렇습니까?"

"러시아가 이기면 러시아가, 일본이 이기면 일본이 대한 제국을 지배하려 들 테니 어찌 위태롭지 않겠습니까?"

안중근은 곰곰이 생각에 잠겼어. 또 대한 제국과 일본이 지나온 과거와 현재를 되짚어 보며 아직 오지 않은 미래를 추측해 보았지.

을사늑약이 맺어지는 현장. 이 자리에 있던 다섯 명의 대신들은
조약에 동의한 대가로 훗날 일본의 지배 아래에서도 부와 권력을 보장받는다.

6. 대한 제국의 외교권을 빼앗다

◆ 을사늑약이 체결되다

이토가 한성에 오기 전까지만 해도 대한 제국 사람들은 러시아와 벌인 전쟁에서 일본이 승리했다며 기뻐했어. 마침내 서양 세력이 물러가고 동아시아에 진정한 평화가 오리라 기대했으니까. 하지만 현실은 정반대였어. 이토가 한성에 발을 디딘 후로 대한 제국은 숨 가쁘게 망국을 향해 달려가고 있었어.

러일 전쟁에서 승리하며 일본을 가로막을 나라가 없다는 확신이 서자 이토는 숨겨 왔던 발톱을 드러냈어. 이전까지는 다른 사람 뒤에서 조심스럽게 움직였다면 러일 전쟁 이후로는 대한 제국 침략에 전면적으로 나섰지.

1905년 11월 9일 한성에 도착한 이토는 다음 날 일본 국왕의 친서를 들고 고종을 만났어. 첫날은 간단히 인사만 마쳤고, 닷새 뒤에 고종을 다시 만나기 전까지 이토는 한성에 있는 각 나라 외교관과 정부의 고위 관리들을 만나며 매우 바쁘게 보냈어.

15일, 고종을 다시 만났을 때 이토는 너무나 당당하게 대한 제국의 외

일본인이 선전한 러일 전쟁. 괴물로 묘사된 러시아로부터 대한 제국을 지켜 내기 위해 전쟁을 일으킨 것처럼 묘사하였다.

교권을 일본에 맡긴다는 조약에 동의하라고 강요했어.

"폐하! 이것은 일본 정부가 대한 제국의 안녕과 보호를 위하여 내린 결정입니다. 외교권을 잠시 일본에 맡긴다고 생각하면 결정을 내리기 쉬울 것입니다. 지금 대한 제국을 보호할 수 있는 것은 우리 일본뿐이니까요."

"외교권을 맡기다니요? 대한 제국은 독립국입니다. 엄연히 존재하는 한 나라에서 외교권을 다른 나라에 넘기는 일은 없습니다. 그런 이야기라면 듣고 싶지 않으니 당장 그만두시오."

몇 시간에 걸친 설득에도 고종이 완강히 거부하자 이토가 단호하게 말했어.

"승낙하거나 거부하는 건 폐하의 자유 의지이지요. 하지만 폐하께서 거부하신다 해도 일본 제국 정부가 결정한 일이니 달라질 건 아무것도 없습니다. 대한 제국의 외교권은 우리 일본의 손에 들어오게 될 테니까요. 다만 폐하의 거부로 대한 제국은 몹시 어려운 상황에 놓이게 될 겁니다. 아마도 조약을 맺는 것보다 더 불리한 결과를 각오해야겠지요."

협박이나 다름없는 말에 고종은 불쾌함을 감추지 못했어.

두 얼굴의 이토 히로부미. 왕실의 환심을 사기 위해 한복을 차려 입은 채 정가운데 서 있다.

"대한 제국의 독립은 한일 의정서에도 보장하겠다 약속했소. 그런데도 지금 이런 조약을 체결하자고 찾아오다니 실로 부당한 일이 아닐 수 없소."

"저는 오직 일본 정부의 명령을 받들고 있을 뿐입니다. 확실한 건 조약에 승인하시는 것만이 일본과 대한 제국 두 나라의 행복과 동양의 평화를 영원히 유지하는 길입니다."

"그것이 어찌 동양의 평화를 유지하는 길이란 말이오? 조약을 승인하는 것은 망국과 같으니 짐은 죽을지언정 결코 찬성할 수 없소!"

외교권은 한 나라가 다른 나라와 동등한 위치에서 외교를 할 수 있는 권리잖아. 외교권이 일본에게 넘어가면, 대한 제국은 외교할 때 반드시 일본을 통해야만 해. 외국에 독립국으로서 지위를 잃게 되는 것이지. 이는 결국 주권을 잃는 것과 마찬가지야. 그랬기에 고종은 반드시 외교권을 지켜야 했고, 이토는 기필코 뺏으려 했지.

11월 17일에 고종은 대신들과 회의를 했어. 이완용이 조약의 내용을 약간 수정하여 승인하자고 하자 다른 대신들도 그러는 게 좋겠다고 했지. 하지만 고종은 끝내 대답하지 않았어. 밤이 되도록 결론이 나오지 않자 고종은 이토에게 사람을 보냈어.

결정을 내리려면 며칠 더 걸리겠소.

이토는 고종이 보낸 편지를 가만히 움켜쥐었어.
"그들끼리 결정하기 어렵다면 친히 나서서 도와줄 수밖에!"
이토는 일본 공사와 군사령관을 이끌고 궁궐로 갔어.
"개미 새끼 한 마리도 안으로 들이지도 말고 내보내지도 말라!"
이토 일행이 들어가자 무장한 헌병들이 경운궁을 겹겹이 에워쌌어. 이토가 만나자고 했으나 고종은 몸이 불편하다며 대신들과 이야기하라고 했어. 이토는 무장한 군인들이 에워싼 중명전 별실로 대신들을 한 명씩 불러들였어. 그러고는 심문하듯이 대신들에게 물었지.
"대한 제국의 외교권을 일본에 넘기는 것에 대한 경의 생각을 듣고 싶소! 물론 동의한다면 우리 일본 제국은 충분히 그에 합당한 보상을 할 준비가 되어 있소."
"내가 비록 몸뚱이와 머리가 따로 떨어져 나간다 해도 이 일에는 절대 동의할 수 없소!"
완강하게 거부한 한규설을 제외하고 이완용, 이근택, 이지용, 권중현, 박제순 등 다른 대신들은 '황실은 존엄하다'라는 한 문장을 넣는 조건으로 찬성했어. 사실 대신 대부분은 이미 이토에게 매수된 뒤였어. 대한

경운궁 대안문 앞을 지키고 있는 일본군

제국이 일본의 보호국이 된 뒤에도 자신들의 지위와 재산을 보장받는다는 조건이었지.

험악한 분위기에서 이토는 한규설을 따로 불러 설득했어. 그러나 한규설은 끝까지 넘어가지 않았어. 이토는 더 설득해 봤자 소용없는 일이라고 생각했지.

"한두 사람의 반대쯤은 아무런 영향을 미치지 못합니다. 학부대신 이완용, 군부대신 이근택, 내부대신 이지용, 외부대신 박제순, 농상공부대신 권중현의 동의로 대한 제국의 외교권은 이제부터 일본 제국에 있음을 선언합니다."

1905년 11월 18일 새벽 2시 반이었어. 일본에서는 '보호 조약'이라 주장하지만 무장한 군대로 위협해 강제로 맺은 '늑약'일 뿐이었어.

을사늑약 체결에 한탄하며 스스로 목숨을 끊은 민영환

◆ 의병들이 들고일어나다

1905년, 을사늑약이 체결된 다음 날부터 반대하는 상소가 올라왔어. 이완용의 집이 불타고 이근택을 암살하려는 시도도 있었지. 그러자 일본 헌병들이 그들을 보호하고 집을 지켰어.

사람들은 날마다 경운궁으로 모여들어 을사늑약 무효를 주장하며 울분을 터뜨렸고, 종로의 상인들은 일제히 문을 닫았으며 전국 학교에서는 교사와 학생들이 거리로 나와 을사늑약 반대를 외쳤어.

민영환처럼 나라를 지키지 못한 책임을 느끼며 목숨을 끊는 대신들도 있었고, 뒤따라 많은 사람이 목숨 걸고 을사늑약에 항의했어. 의병들이 곳곳에서 일본의 침략에 맞서 싸우자며 들고 일어났지. 특히 최익현은 어째서 을사늑약에 찬성한 다섯 명의 대신들인 을사오적을 처단하지 않느냐며 상소문을 올리고 의병을 일으켰어.

"저들을 벌하지 않는 이유가 무엇입니까? 저들에게 죄가 없어서입니까? 아니면 역적들의 뒤에 있는 세력이 두려워서입니까? 만약 두려움 때문이라면 폐하께서 두려워하실 일이 과연 무엇입니까? 폐하께 지금 나라가 있습니까? 토지가 있습니까? 백성이 있습니까? 나라도 없고 토지도 없고 백성도 없다면, 폐하께서는 오직 망국의 황제가 될까 하는 두려움만 있을 뿐입니다."

의병을 진압하려는 관군과 마주하자 최익현은 황제의 군대와는 맞서 싸울 수 없다면서 의병 부대를 해산하고 체포되었어. 이토는 그를 대마

을사늑약이 체결된 뒤 찍은 기념 사진. 맨 앞줄 가운데 이토 히로부미가 앉아 있다.

도로 보내 버렸지. 대마도에서 단식으로 일본에 저항하던 최익현은 74세의 나이로 숨을 거두고 말았어.

을사늑약이 체결되었다는 소식에 벨기에 공사를 시작으로 영국, 미국, 청 등 세계 각 나라의 공사와 외교 사절은 대한 제국에서 철수했어. 외교권이 없는 나라에 더는 공사관을 둘 이유가 없었으니까.

대한 제국 외교권을 빼앗고 일본으로 돌아온 이토는 큰 환영을 받았어. 일본 국왕에게 보고하려고 마차를 타고 궁으로 가는 길은 이토를 환영하는 수많은 사람들의 만세 소리로 가득했지.

네덜란드의 수도 헤이그에서 만국 평화 회의가 열리자, 고종은 특사를 보내 을사늑약의 부당함을 알리려 했다. 그러나 일본의 방해로 세 특사는 회의장으로 들어갈 수조차 없었다.

7. 눈엣가시였던 고종 황제를 끌어내리다

◆ 가난한 농민의 아들, 초대 통감이 되다

"초대 통감이라!"

초대 통감직을 수락한 이토는 흐뭇한 미소를 지었어. 총리를 할 때와는 색다른 감정이 새삼 몰려왔지. 총리가 정부의 실질적인 최고 직책이라고 해도 위로는 일본 국왕이 있었어. 하지만 통감은 하기에 따라서 대한 제국의 황제보다 많은 권력을 누릴 수 있었어. 현재 일본에서 그 자리에 앉을 사람은 자신밖에 없다고 확신했으면서도 막상 직책을 맡으니 감회가 새로웠지.

본래 이토는 높은 신분이 아니었어. 작은 시골에서 가난한 농부의 맏아들로 태어났거든. 당시 일본에서 농민은 하층 계급에 속했으니까 크게 내세울 수 있는 집안은 아니었지. '이토'라는 성도 아버지가 이토 가문의 양자로 들어가면서 얻게 된 거였어.

이토는 스스로 운이 좋은 편이라 생각했어. 무사 계급인 구루하라 료조의 조수가 되어 신뢰를 쌓고, 그 인연으로 요시다 쇼인 밑에서 공부도 하게 되었거든. 이토가 평생의 스승으로 떠받든 요시다 쇼인은 일찍부

터 일본이 조선을 지배하고 만주·타이완·필리핀을 차지해야 한다고 주장했던 사람이야. 그는 주변 나라를 침략하여 일본 땅으로 만든 뒤 일본을 중심으로 팽창해 나가야 한다고 했지. 이러한 요시다 쇼인의 주장은 이토를 비롯한 많은 이들에게 큰 영향을 미쳤어. 이토만 해도 평생에 걸쳐 요시다 쇼인이 주장한 바를 이루려 했으니까.

또 운 좋게 떠난 영국 유학은 새로운 세계에 눈뜨게 했고, 영어를 배움으로써 중요한 회의에서 통역을 맡게 되었으며 점차 높은 자리에 오르는 기회가 되었지. 지난 일 하나하나가 다 지금 이 자리에 오르기 위한 계단 같았어.

"대한 제국은 일본이 대국으로 성장하는 발판이 되어 줄 것이다. 이 손으로 반드시 그렇게 만들고 말 테니까!"

이토가 주먹을 불끈 쥐며 허공에 흔들었어.

1906년 3월 2일 이토가 통감부의 초대 통감으로 왔어. 통감부란 원칙적으로는 을사늑약으로 없어진 외부를

▲ 이토 히로부미의 스승인 요시다 쇼인
▼ 유학 시절 이토 히로부미. 사진 속 뒷줄 오른쪽에 있다.

대신해 외교에 관한 일을 맡은 부서였어. 하지만 이토는 단순히 외교에 관련된 일만 하지 않았어. 통감으로 오겠다 마음먹었을 때부터 대한 제국의 모든 것을 간섭할 생각이었으니까.

이토와 일본에 반대하는 목소리를 먼저 낸 건 백성들이었어. 곳곳에서 의병이 들고 일어나자, 이토는 고종이 은밀하게 일을 꾸미고 있다고 여겼어. 그리하여 1907년 5월, 이완용과 친일 단체인 일진회의 송병준을 주요 직책에 앉혔어. 고종이 어떠한 시도도 할 수 없게 아예 싹을 잘라 버린 거지.

◆ 고종, 세 명의 특사를 헤이그로 보내다

그즈음 고종은 을사늑약이 불법임을 알리고자 네덜란드 수도 헤이그에서 열린 제2차 만국 평화 회의에 이상설, 이준, 이위종을 특사로 보냈어. 6월 15일 고종의 위임장을 들고 나타난 세 명의 특사는 회의장에 들여보내 달라고 했어.

"우리는 대한 제국 황제의 특사입니다. 여기 황제께서 주신 위임장도 있습니다. 안으로 들어가게 해 주십시오."

잠시 당황한 듯 보였던 일본 대표는 곧 세 명의 특사에게 회의장에 입장할 자격이 없다고 했어.

"일본은 강압적으로 조약을 맺었습니다. 황제께서 인정하지 않은 조약은 무효입니다."

그러나 세 특사의 이러한 주장은 아무 소용이 없었어. 일본은 대한 제국에 외교권이 없다는 사실을 강조했고, 영국과 미국 등 강대국들도 이에 동의했으니까. 다른 나라 대표들도 대한 제국이 겪는 부당한 일에 관

헤이그 특사 보도

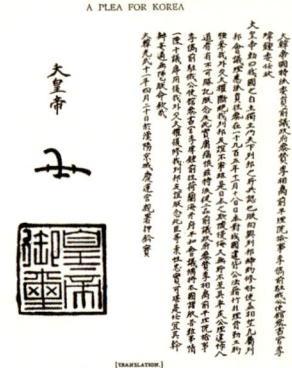

고종의 옥새가 찍힌 특사 위임장

심이 없었어.

　회의장에 들어가지 못한 세 명의 특사는 어쩔 수 없이 각 나라 언론에 일본이 불법으로 대한 제국을 차지하려 한다고 호소했어. 연설은 외국어를 잘하는 이위종이 맡았지. 이 연설은 세계 여러 나라에 보도되었으나 달라진 건 아무것도 없었어. 울분을 참지 못한 이준은 끝내 그곳에서 세상을 떠나고 말아. 이상설과 이위종은 고국으로 돌아오지 못한 채 외국을 떠돌며 독립운동을 이어 갔지.

◆ 황제 없이 치른 양위식

　뒤늦게 이 사실을 알게 된 이토는 고종을 찾아와 따졌어.

　"이번 사건은 명백히 조약(을사늑약)을 무시한 것이며, 일본을 적으로 돌린 행위요. 폐하 스스로 조약을 깨고 보호국인 일본을 배반한다면, 일본은 대한 제국에 선전 포고를 할 것이오."

　명백한 협박이었어. 이토는 여기서 그치지 않고 일본 총리에게 이 문제에 대해 건의했어. 일본 정부가 외교권에 이어 정치도 주무를 수 있도록 해야 한다고 했지. 대한 제국의 외교권에 이어 내정권까지 빼앗겠다는 뜻이었어.

　7월 19일 새벽, 이토는 고종을 퇴위시키기로 결정 내렸어. 고종이 계속 황제로 있으면 대한 제국을 식민지로 삼는 데 걸림돌이 되니 미리 제거하려는 목적이었지. 이토의 뜻에 따라 이완용은 대신들과 함께 고종을 압박했어.

　"폐하, 나라의 안위를 위하여 이제 그만 보위에서 내려오심이 마땅한 줄 아뢰옵니다."

"경들이 위하는 나라란 일본인가, 대한 제국인가?"

"그런 망극하신 말씀이…… 소신들은 다만 이토 통감과 부딪히면 우리에게 이로울 게 없다는 말씀을 올린 것뿐입니다."

"황제인 나보다 이토의 눈치를 더 보니 아마도 경들의 황제는 이토인가 보군! 이번 기회에 황태자에게 대리청정하게 할 생각이니 그리 알고, 경들은 더 말하지 말라!"

고종은 결국 황태자에게 국정을 맡기겠다고 했어. 예로부터 조선의 임금들은 왕세자를 정치적으로 단련시키기 위해 대신 나랏일을 수행하도록 했는데 그걸 대리청정이라고 해. 고종은 일본에 국정을 넘기기보다는 차라리 황태자가 대리청정하는 편이 낫다고 보았어. 필요할 때는 언제든지 고종이 정치적으로 나설 수 있었으니까. 그런데 다음 날 이토는 고종의 뜻과는 전혀 상관없이 황제 자리를 물려주는 양위식을 진행했어. 고종이 다시는 황제로 나서지 못하게 할 생각이었지.

고종이 폐위되었다는 소식이 전해지자 종로 상인들은 가게 문을 닫으며 항의했어. 거리 곳곳에서 일본을 비판하는 목소리가 높아졌고 화가 난 시민들은 친일 단체인 일진회의 시설을 망가뜨렸지. 그러나 고종은 끝내 황태자에게 황제의 자리를 물려주어야 했어.

양위식에 고종은 물론이고 황태자도 참석하지 않았어. 황제와 황태자를 대신하는 사람을 내세워 꼭두각시 양위식을 마친 이토는 고종은 경운궁에, 황제가 된 순종은 창덕궁에서 지내

대한 제국의 마지막 황제 순종.
서양식 의복을 입은 모습이다.

게 했어. 그러고는 고종이 머무는 경운궁의 이름을 덕수궁으로 바꾸어 버렸어.

 덕수궁은 고종의 장수를 빈다는 뜻을 담고 있어. 덕수궁에서 고종을 지내게 해서 겉으로는 고종을 대우하는 듯했지만, 실질적으로는 순종에게서 고종을 떼어놓아 아무런 힘도 쓰지 못하게 하려는 계략이었지.

군대가 강제로 해산되었다는 소식에 분노하며 일본 군대에 맞서는 대한 제국 군인들

8. 대한 제국 군대를 강제로 해산하다

◆ 마지막 조치, 한일 신협약

순종이 황제에 오르고 4일 뒤, 이토는 한일 신협약을 새로 제시했어. 정미년에 맺은 7개 항목으로 된 조약이라는 뜻에서 '정미 7조약'이라고도 부르지. 이 조약은 결국 통감인 이토 히로부미와 총리대신 이완용의 이름으로 체결되었어. 이제 대한 제국은 외교는 물론이고 법을 새로 만드는 것부터 관리를 임명하는 것까지 모든 일에 통감의 허락을 받아야만 했지.

대한 제국을 일본의 완전한 식민지로 만들려면, 무엇보다 나라와 황제에게 충성하는 군대를 없애야만 한다는 것을 이토는 잘 알고 있었어. 이토는 이들 중 궁궐을 지키는 병력 일부만 남겨 일본군이 지휘하게 하고, 그 외에 한성과 지방의 모든 군대를 해산하기로 했어.

1907년 7월 31일, 이토는 순종으로 하여금 대한 제국 군대를 해산한다는 문서에 강제로 서명하게 했어. 그 다음 날 아침 7시에 이토는 시위대 장교들을 불러 모아 군대를 해산한다고 알렸지.

"다만 해산 대상에서 장교는 제외되며 우리에게 협조한다면 섭섭지

유럽 교관에게 군사 훈련을 받는 대한 제국 신식 군대. 1904년의 모습이다.

않게 대가도 지급할 생각이다."

이토의 계획은 치밀했어. 군대 해산 명령을 들은 장교들은 사색이 되었으나 자신들에게는 해당되지 않는다는 말에 한편으로는 안심했어.

"군대가 해산된다는 사실은 비밀에 부치도록 하고, 병사들에게는 맨손 체조 훈련을 할 테니 총을 가져오지 말고 집합하라고 하라!"

명령을 받은 장교들은 각 부대로 돌아갔어.

◆ 대한 제국 병사들은 해산하라

비가 추적추적 내리는 가운데 병사들이 하나둘 모여들기 시작했어. 간편한 차림의 병사들은 평소와 다른 분위기에 어리둥절한 채 서 있었지. 그때 순종이 서명한 군대 해산 조칙이 낭독되었어.

나라가 어려우므로 쓸데없는 비용을 절약하여 백성들의 삶을 윤택하게 함이 무엇보다 급하다. (…) 이에 황실 호위 병력 일부만 남겨 두고 나머지 병사들은 해산시킨다. 그동안의 노고를 생각하여 계급에 따라 은사금*을 나누어주니 모두 짐의 뜻에 따르기 바란다. 군대 해산에 반대하여 명령을 어기고 폭동을 일으킨 자는 통감에게 진압을 맡기겠노라.

믿을 수 없는 소식에 병사들은 입을 다물지 못했어. 황제가 자신과 나라를 위해 싸워 줄 군대를 해산시킨다는 것은 스스로 손발을 잘라 내는 것과 같았어. 제정신이라면 도저히 내릴 수 없는 명령이었지. 게다가 통감인 이토 히로부미에게 진압을 맡긴다니, 생각할수록 괴이한 일이었어. 내 집 지키는 일을 도둑에게 맡긴다는 뜻이었으니까.

황당하고 놀라워 다들 허둥대는 사이, 일본군과 장교들이 은사금이라면서 1년 이상 근무한 병사에게는 50원, 근무 기간이 1년이 채 안 된 병사에게는 25원씩 쥐어 주었어. 그러고는 이렇게 소리쳤지.

"해산하라! 명령이다! 병사들은 해산하라!"

허둥대는 무리 가운데에서 누군가 외쳤어.

"우리가 해산하면 폐하의 안전은 어찌하며 한성은 누가 지킨단 말입니까?"

"이건 모두 이토 히로부미가 꾸민 짓이오! 이대로 군대를 해산하면 나라가 망합니다. 싸웁시다!"

"옳소! 우리는 대한 제국의 병사들이오! 우리가 아니면 누가 싸우겠습니까!"

그제야 돌아가는 상황을 파악하게 된 병사들은 무기고를 향해 달려

● 은사금 은혜롭게 베푼 돈이라는 뜻으로, 임금이나 상전이 내려 준 돈을 이르는 말

갔어. 그러나 굳게 닫힌 무기고는 무장한 일본군이 철통같이 지키고 있었어. 총부리를 겨누는 일본군 앞에서 병사들은 울분을 삼킨 채 돌아설 수밖에 없었지.

한 달도 안 되는 시간 동안 고종을 퇴위시키고 한일 신협약을 맺고 군대를 해산하는 등 엄청난 일들이 순식간에 이뤄졌어. 마치 오래전부터 계획하고 있던 것들을 꼬투리가 잡히기를 기다려 단숨에 해치우는 것 같았지. 이토는 그만큼 치밀하게 준비하고 있었던 거야.

▲ 1907년의 종로 거리. 태극기가 걸려 있다.
▼ 칼을 찬 채 감시하는 순경이 보인다.

대한 제국의 마지막 황태자인 영친왕. 그는 어린 나이에 일본으로 끌려가 혹독하게 일본식 교육을 받으며 자란다. 여기에는 고종의 힘을 누르기 위한 이토 히로부미의 계산이 깔려 있었다.

9. 대한 제국의 황태자를
볼모로 삼다

◈ 이토 히로부미의 폭탄 선언

대한 제국의 군대 해산까지 마친 이토가 고종을 찾아왔어. 고종은 이토의 방문이 달갑지 않았지만, 기분 나쁜 기색을 드러낼 수는 없었지. 이토가 은근하지만 위협적인 목소리로 말했어.

"폐하께서 헤이그에 특사를 보낸 것은 매우 현명하지 못한 처사였습니다. 지난 한 달간 조선에서 벌어진 일을 보세요. 이게 다 폐하께서 특사를 파견하셨기에 벌어진 일 아닙니까? 혹시 아직도 폐하가 정치적으로 뭔가 할 수 있는 일이 있다고 생각하는 건 아니겠지요? 만약 그렇다면 지난번처럼 황제 자리를 넘기는 것으로 끝나지만은 않을 겁니다."

"내게 더 가져갈 것이 남았단 말인가?"

고종이 간신히 분노를 누르며 물었어.

"아무도 손 닿을 수 없게 더 먼 곳으로 가셔야 하지 않겠습니까? 이제 또다시 뒤에서 그런 일을 벌이지는 않으실 거라 믿겠습니다. 폐하께는 이 궁이 가장 안전하면서도 편안한 곳일 테니까요."

이토의 은근한 협박에 고종은 화가 났지만 별달리 대응하지 않았어.

일부러 화를 돋우는 말에 일일이 반응할 필요는 없었으니까. 그러자 이토가 말을 이었어.

"충고를 드린 김에 한 가지 더 말씀드리겠습니다. 아, 충고라기보다는 현명한 제안이라고 하고 싶군요."

이토가 눈치를 살피며 시간을 끌자 고종은 무슨 이야기인가 싶었어.

"황태자의 교육에 관한 것입니다."

황태자란 고종의 막내 아들인 이은을 말해. 훗날 영친왕으로 불리지. 영친왕의 어머니는 순헌황귀비 엄씨였어. 1896년 고종이 러시아 공사관으로 피신하던 때, 안전하게 경복궁을 빠져나오도록 기지를 발휘한 사람이지. 고종의 뒤를 이어 순종이 황제 자리에 올랐으나 순종에게는 자식이 없었어. 그래서 고종의 막내아들인 이은을 황제 자리를 이을 황태자로 삼았어. 아직 열 살밖에 안 된 어린 나이였지만 순헌황귀비를 닮아 영특한 아들에게 고종은 기대가 컸어. 그런데 이토의 입에서 황태자 이야기가 나오니 놀라지 않을 수 없었지.

"황태자 교육이라면 우리에게도 체계적인 방식이 있소."

"대체 언제까지 낡은 방식을 고집하실 겁니까? 황태자라면 더욱 문명적인 교육을 받아야 하지 않겠습니까?"

이토의 말에 고종은 할 말을 잃고 불안한 눈으로 바라보기만 했어. 상대를 배려하는 것 같은 말들이 실은 자신의 계략에 끌어들이는 수법임을 이제까지의 경험으로 충분히 알고 있었거든.

"황태자는 일본에서 유학할 것을 제안합니다. 최고의 교육을 받게 할 테니 폐하께서는 마음 푹 놓으셔도 좋습니다. 황태자의 일본 유학은 두 나라 사이를 더욱 돈독하게 할 것입니다."

이토의 폭탄 선언에 고종은 등골이 서늘해졌어.

1907년 일본 황태자의 한국 방문 기념 사진. 앞줄 가운데 어린 영친왕이 있고, 맨 오른쪽에 이토 히로부미가 서 있다.

'내 자식을 일본인으로 만들 셈이로군!'

◈ **마지막 황태자, 일본으로 끌려가다**

고종의 짐작처럼 영친왕의 일본 유학은 여러 방면에서 일본에 유리한 결정이었어. 앞으로 있을지 모를 강대국의 접근을 막을 수 있을 뿐 아니라, 뒷날 황제가 되었을 때 일본에 호의적일 테니까. 결정적으로, 황제 자리에서 물러났다고는 하나 고종의 영향력은 여전히 무시할 수 없었거든. 그런데 그가 가장 아끼는 자식을 일본에 데리고 있으면 고종을 조종하기에도 좋겠다는 계산까지 깔려 있었던 거지.

영친왕의 어머니인 순헌황귀비 엄씨는 열 살밖에 안 된 자식을 일본으로 보낼 수 없다며 강하게 반대했어. 그러나 이토는 황태자에게 최고

이토 히로부미와 대한 제국의 마지막 황태자인 영친왕

의 교육을 받게 해야 한다는 주장을 앞세우며 맞섰어. 결국 방학 때마다 돌려 보낸다는 조건으로 영친왕은 열 살이라는 어린 나이에 일본으로 가게 되었지.

그러나 이토의 약속은 몇 년간 한 번도 지켜지지 않았어. 영친왕은 유학을 떠난 지 4년 뒤에야 돌아올 수 있었는데, 그것도 전염병으로 세상을 떠난 어머니의 장례식을 치르기 위해서였어. 전염병을 옮을 수 있기 때문이라고는 하나 영친왕은 어머니 얼굴조차 보지 못한 채 다시 일본에 끌려가다시피 했어.

왼쪽 사진을 한번 볼까? 얼핏 다정한 할아버지와 손자처럼 보이지만 이토와 영친왕의 모습이야. 사진에서처럼 영친왕은 철저한 일본식 교육과 군사 훈련을 받으면서 자랐어. 결혼마저도 일본이 정해 준 대로 해야 했지. 이렇게 자란 영친왕은 일본이 1930~40년대 일으킨 중일 전쟁과 태평양 전쟁에서 육군 장교로서 싸워야만 했어. 그는 성년이 되도록 고국으로 돌아오지 못한 채 일본의 선전 도구로 철저하게 이용되었어.

죽어서도 우리 민족을 괴롭힌 이토 히로부미

일본의 식민 지배가 한창이던 1932년 10월, 박문사가 들어섰어. 박문사는 이토를 기리는 사찰로, 그 이름도 이토 히로부미의 한자식 발음인 이등 박문(伊藤 博文)에서 따온 것이었어.

박문사가 들어선 장충단은 을미사변 때 명성 황후를 보호하려다 숨진 이경직과 홍계훈의 충절을 기리고자 세운 제단이었어. 치욕스럽게 국모를 잃은 우리 민족에게는 두고두고 일본에 대한 저항 의식을 심어 주는 곳이었지.

이를 일본이 그대로 두고 보진 않았겠지? 일본은 박문사를 지을 때 중심 건물인 본당만 새로 올린 뒤, 나머지 건물은 궁궐의 전각들을 옮겨다 놓는 것으로 대신했어. 조선의 궁궐을 망가뜨린 것으로도 모자라, 조선을 망하게 한 이토를 기리는 사찰에 역대 임금이 생활했던 전각을 해체해서 사용한 거야.

해방 후 철거되기 전까지 박문사에서는 일본인들과 친일파의 장례식이 열렸고, 태평양 전쟁 때는 전쟁터에서 죽은 이들을 기리는 위령제가 열리기도 했어. 이토는 죽어서까지도 우리 민족을 괴롭히고 있었어.

1930년대 박문사 전경

3부.
안중근의 반격

1905년 을사늑약 후 일본은 대한 제국을
식민지로 삼으려는 속내를 노골적으로 드러냈다.
안중근의 삶과 생각도 점차 달라지고 있었다.
넉넉한 형편에 편안하게 살 수도 있는 인생임에도
그는 치열한 고민을 하기 시작했다.
사냥을 좋아하고 친구와 어울리기를 즐기며,
독실한 천주교인이기도 했던 안중근.
과연 무엇이 그로 하여금 이토 히로부미를 향해 총부리를 겨누게 했을까?
그 해답을 찾기 위해 안중근의 발자취를 따라가 본다.

1907~1908년 나랏빚을 갚기 위해 국채 보상 운동에 참여하는 백성들

1. 일본의 경제 약탈에 맞서다

◈ 르각 신부의 조언

1905년, 을사늑약이 체결되었다는 소식은 황해도에 있던 안중근에게도 전해졌어. 안중근의 아버지는 울분이 치밀어 오른 나머지 병이 깊어졌지. 보다 못한 안중근은 아버지와 앞일을 상의했어.

"러일 전쟁 때 일본은 동양의 평화를 유지하고 대한 제국의 독립을 굳건히 하겠다고 했습니다. 그러나 이제는 우리나라를 차지하려고 온갖 수를 쓰고 있습니다."

"모두 깜빡 속았지 뭐냐? 어찌 눈 하나 깜짝하지 않고 그리 시커먼 속내를 숨겨 왔는지. 한 나라를 상대로 거짓말을 할 줄 누가 상상이나 했겠느냐?"

"그게 다 지금 통감으로 와 있는 이토라는 자의 계략입니다. 속은 것을 깨달은 이상 이대로 있을 수만은 없습니다. 우리도 서둘러 계획을 세워야지요. 그러나 이제 의거를 일으켜 이토에 반대한들, 그자의 힘이 너무 커져서 부질없이 목숨만 잃을 뿐입니다."

"그러니 어쩌면 좋단 말이냐?"

"청나라 산둥과 상하이 등지에 우리 민족이 많이 산다고 하니, 우리 집안도 그곳으로 옮겨 가 살다가 차차 나라를 구할 방안을 찾아보면 어떻겠습니까? 제가 먼저 가서 살펴보고 올 테니 아버지께서는 식구들과 함께 진남포에 가서 기다리고 계십시오."

그 길로 청나라로 건너간 안중근은 산둥을 거쳐 상하이에 있는 민영익을 찾아갔어. 명성 황후의 조카인 민영익은 정치적으로 영향력이 있었을 뿐 아니라 재산도 상당했어. 민영익을 중심으로 의거를 일으킬 사람들을 모을 수도 있겠다고 여긴 거야. 그러나 민영익의 하인은 문조차 열어 주지 않았어. 화가 난 안중근이 꾸짖었어.

"같은 민족을 만나지 않는다면 대체 어느 나라 사람을 만난단 말입니까! 더욱이 대감은 나라의 녹*을 먹는 신하가 아닙니까? 그런데도 나라가 어찌 되든 상관없이 혼자만 편안히 지내면 된다는 겁니까, 아니면 오늘날 나라가 위급해진 까닭이 모두 대감과 같은 대신들 탓이기에 부끄러워서 만나지 않는 것입니까?"

안중근은 그 뒤 장사를 크게 하는 서상근이란 사람을 찾아갔지만 비슷한 상황이 반복될 뿐이었어.

"나는 한낱 장사치일 뿐입니다. 정부 관리에게 큰돈을 빼앗기고 간신히 여기로 몸을 피한 터인데, 나라가 어찌 되든 내 알 바 아니오."

어느 날 아침, 안중근이 천주교당에 가서 기도를 드리고 나오는 길이었어.

"토마스, 여기는 어쩐 일입니까?"

토마스라는 안중근의 세례명을 부르는 사람은 황해도에서 활동하던 프랑스인 르각 신부로, 안중근과 꽤 가까운 사이였어. 생각지도 못한 곳에서 두 사람이 만난 거야.

● 녹 나라에서 벼슬살이에 대한 보수로 주던 곡식이나 베, 돈 따위를 통틀어 이르던 말

"신부님은 지금 우리나라의 비참한 상황을 모르십니까?"

"이미 오래전에 들었지요."

"그래서 나라를 구할 기회를 찾는 중입니다. 나라 밖에 있는 동포들과 연락하여 우리의 억울한 상황을 설명하고, 뜻이 맞는 이를 만나면 다 같이 들고 일어나 의거를 일으키려 합니다."

르각 신부는 한동안 생각에 잠겨 있다가 무겁게 입을 열었어.

"토마스의 말도 그럴 듯합니다. 하지만 2천만 민족 모두 당신과 같은 생각이라면 나라가 온통 비어 버리지 않겠습니까? 일본이 바라는 게 바로 그런 것입니다. 해외 동포는 굳이 말하지 않아도 나라 사랑이 지극하여 언제든 함께 일할 수 있습니다. 그리고 서구 여러 나라에 설명한다면 가엾게는 여길 테지만 대한 제국을 위하여 군사를 일으키지는 않을 게 분명합니다."

르각 신부는 다음 세대를 교육하여 실력을 쌓게 하고 사람들의 마음을 하나로 모아야 한다고 강조했어. 사람들이 한마음 한뜻으로 똘똘 뭉친다면 일본이 아무리 땅을 빼앗고 조약을 강제로 맺게 해도 모두 헛일이 될 것이라고 했지.

◈ 교사가 된 안중근

안중근은 곧 짐을 꾸려서 고향으로 돌아왔어. 그런데 병이 깊어진 아버지가 그새 세상을 떠나고 말았어. 슬픔을 이기지 못하고 몇 번이나 까무러치며 울부짖던 안중근은 아버지의 장례를 마친 뒤 평소 즐기던 술을 끊겠다고 맹세했어.

1906년 봄에 안중근은 진남포로 이사한 뒤 르각 신부의 조언대로 전 재산을 들여 학교를 세웠어. 학교 이름을 삼흥이라고 지었는데 학생과 백성, 나라가 흥하기를 기원하는 뜻이 담겨 있었어.

안중근은 돈의 학교에서도 학생들을 가르쳤어. 직접 세운 학교는 아니지만, 학교 재정이 어려워지자 교장으로서 운영에 참여하게 된 거야. 삼흥 학교가 영어 교육에 조금 더 힘썼다면 돈의 학교는 체육에 비중을 높이 두었어. 특히 안중근이 교장이 되면서부터 나무로 만든 총과 나팔, 북을 사용한 군대식 훈련을 중심으로 교육했지. 기본적인 교육도 중요하지만 나라를 위해 싸울 인재를 기르는 것이 우선이라 보았던 거야.

◆ 국채 보상 운동에 참여하다

1907년 2월 21일 〈대한매일신보〉에는 다 함께 나랏빚을 갚자는 글이 실렸어.

> 국채 1,300만 원은 우리 대한 제국이 살고 죽는 문제이기도 하다. 2천만 백성이 3개월 동안 담배를 피우지 않고 모아서 한 사람마다 다달이 20전씩 거두면 1,300만 원이 될 수 있다.

국채 보상 운동은 대구에서 서상돈이라는 사람이 시작하여 전국으로 퍼져 나갔어. 이토가 통감으로 온 뒤 개혁한답시고 일본에서 들여오도록 한 차관이 급격히 늘어 1907년에는 나랏빚이 1,300만 원까지 불어났던 거야.

국채 보상 운동이 시작되자 안중근은 가족의 패물을 모아서 내놓았을 뿐 아니라 삼흥 학교 일원으로서도 참여했어. 그것으로는 부족하다고 여긴 안중근은 관서 지역의 장으로서 적극적으로 활동했어. 하루는 회의를 하는데 비밀스럽게 조사를 나온 듯한 일본인이 물었어.

"회원은 몇 명이며 돈은 얼마나 거두었소?"

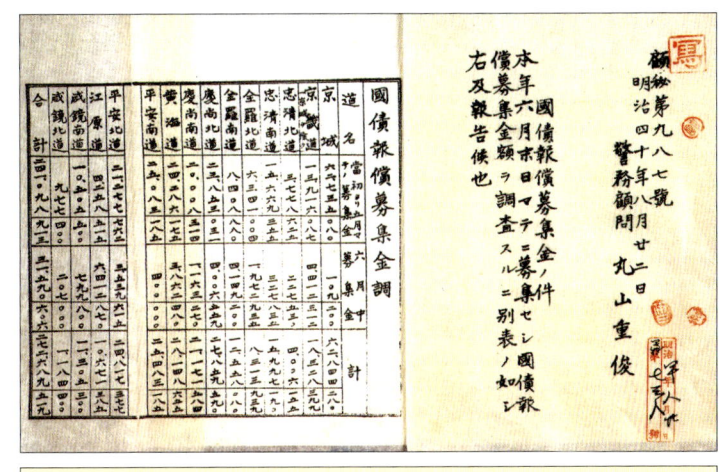

국채 보상금 모집 금액표

"2천만 명이고, 1,300만 원을 모아 일본에 빚을 갚으려 한다."

안중근의 대답에 일본인이 욕을 하며 비웃었어.

"당신과 같은 열등한 인간들이 무슨 일을 할 수 있단 말이오?"

"빚진 사람은 갚을 뿐이고 빚준 사람은 받는 것이 당연하거늘, 무엇이 마땅찮아 그토록 질투하고 욕하는가?"

그러자 일본인이 갑자기 화를 내며 안중근에게 달려들었어. 안중근도 참지 않고 맞서 싸웠지.

"아무런 까닭도 없이 욕을 먹는다면 대한의 2천만 민족이 장차 큰 핍박을 피하기 어려울 것이다. 어찌 나라의 수치를 보고만 있겠는가!"

주위에서 말려서 싸움은 끝났지만, 가슴에서는 울분이 차올랐어.

학생이든 군사든 나라에 필요한 인재를 기르기 위해서는 재정적인 뒷받침이 절실했어. 안중근의 집안이 넉넉하다 해도 학교를 운영하는 데는 한계가 있었으니까. 그래서 남은 재산을 끌어 모아 광산업을 시작했건만 일본의 방해로 그마저도 다 날리고 말았지.

군대가 해산되자 의병이 되어 나라를 지키고자 했던 사람들.
일본의 탄압에도 끝까지 저항했다.

2. 항일 의병의 신호탄이 쏘아지다

◆ **박승환의 자결**

　1907년에 이토가 강제로 한일 신협약을 맺고 고종 황제를 폐위시켰으며 군대를 해산시켰다는 이야기는 앞에서 했지? 대대장이었던 박승환은 군대를 이끌고 궁으로 가서 황제를 복위시키려는 계획을 세웠어. 하지만 이토가 고종에게 보복할까 봐 실행하지는 못했어.

　이토는 일본에 협조하는 조건으로 장교들의 지위는 보장한다고 했어. 박승환은 얼마든지 편안하게 살 수 있다는 뜻이기도 했지. 그러나 박승환은 일본이 부르는 자리에 참석하지 않은 채 서소문 병영에 머물며 굳은 결심을 했어.

　군인으로 나라를 지키지 못하고 신하로서 충성을 다하지 못하니 만 번 죽어 아깝지 않다.

　먹물이 채 마르지 않은 종이 위에는 박승환의 결심이 고스란히 적혀 있었어.

박승환 대대장

'내 목숨이 마지막 횃불이 되어 준다면, 그 횃불이 병사들의 마른 가슴에 들불을 일으킬 수 있다면……'

박승환은 유서 옆에 단정하게 놓인 권총을 바라보았어.

"대한 독립 만세!"

탕!

총소리에 병사들이 대대장실로 뛰어갔어. 처참한 현장에 놀란 것도 잠시, 병사들은 박승환이 목숨을 끊은 이유를 알아차렸지. 곧 울분에 찬 목소리가 터져 나왔어.

"다들 무기를 들어라! 우리는 대한 제국 군인이다! 나라를 위해 싸우자!"

"일본은 물러가라! 이토 히로부미는 물러가라!"

무기를 반납한 채 연병장에 모여 있던 병사들은 대대장 박승환의 자결 소식을 듣고, 무기고로 달려가 총기와 탄약을 확보한 뒤 거리로 뛰쳐나왔어. 서소문 근처에 있던 학당의 여학생들과 주민들도 달려와 병사들이 가져온 탄약을 옮겨 주고 다친 사람을 돌보는 등 힘을 보탰어.

그러나 시간이 흐를수록 상황은 병사들에게 불리해졌지. 탄약이 떨어지고, 죽거나 다친 사람이 늘면서 병사들은 물러날 수밖에 없었어. 간신히 목숨을 구한 채 고향으로 돌아간 병사들은 스스로 의병을 일으키거나, 한성 밖에 있던 의병 부대와 합류하면서 새로운 항쟁을 준비했어.

◆ 의병 전쟁의 시작

한성의 봉기 소식에 지방 병사들도 해산을 거부하고 무기를 들었어. 1907년 12월에는 이인영, 이강년, 허위 등 양반 의병장들이 뜻을 모아 연합 의병 부대를 만들었어. '13도 창의군'이라 불린 이 연합 부대는 전국에 흩어져 활동하던 의병들이 하나로 뭉친 것으로 농부·머슴 등 신분을 가리지 않았어. 동학 농민 운동에 참여했던 사람도 많았지. 이들 중에는 신식 소총을 가진 의병도 3,000여 명이나 있었는데, 군대가 해산되며 의병에 합류한 것이었어.

모든 준비를 마친 13도 창의군은 일본이 장악하고 있는 한성을 되찾기로 했어. 각 지역에 흩어져 있는 의병대가 저마다 한성으로 출발하여 동대문 밖에서 만나 동시에 진격하기로 한 거야. 그런데 총대장이었던 이인영은 아버지가 돌아가셨다는 소식을 듣고 부대를 허위에게 맡긴 채 고향으로 돌아가 버렸어.

허위가 이끄는 의병 부대가 동대문 밖 30리 지점에 이르렀어. 그러나 13도 창의군의 한성 진격 작전을 알아챈 일본군은 각 지역의 의병들이 오는 길목을 미리 막고 있었어. 한강에 배 한 척도 다니지 못하게 막는 한편, 동대문에 기관총을 설치한 채 은밀히 의병들을 기다리고 있었지. 결국 허위 부대는 다른 부대가 오기도 전에 일본군의 공격을 받아 제대로 싸우지도 못한 채 물러나고 말았어. 간신히 몸을 피한 허위는 1908년에 양평에서 체포되어 서대문 형무소에 갇혀 있다가 삶을 마감했어.

작전에 실패한 13도 창의군은 1908년 2월에 해산되었어. 이듬해 9월, 일본군은 전라도 지역에서 의병을 잡기 위해 대대적인 진압 작전에 들어갔어. 전라도 북쪽에서부터 이 잡듯 샅샅이 마을을 훑어 내려간 일본군은 남쪽에 이르러서는 도망칠 수조차 없게끔 바닷길까지 막아 버렸

1909년 일제가 시행한 이른바 남한 대토벌 작전에 맞서 싸우다 체포된 의병장들

어. 조금이라도 의병으로 의심되면 잔인하게 죽였기 때문에 길거리에는 어린아이조차 돌아다니지 않았지.

2개월에 걸친 진압 작전 동안 의병장 100여 명과 의병 4,000여 명이 일본의 손에 죽거나 붙잡혔어. 살아남은 이들은 죽을힘을 다해 싸웠으나 끝없이 밀려오는 일본군 앞에서는 어쩔 도리가 없었어. 이토가 한반도에 들어와 있는 모든 일본군을 전라도로 보냈거든. 전라도 의병이 패배한 뒤 일본의 진압 작전이 전국적으로 펼쳐지며 압록강과 두만강 남쪽에서는 더 이상 의병 운동을 하기 어려워졌어. 그나마 간신히 목숨을 구한 의병들은 계속 일본과 싸우기 위해 만주와 연해주로 넘어가야 했지.

군대 해산으로 불붙은 의병 전쟁은 일본의 식민지 정책을 지연시켰어. 일본 측 기록에 따르면, 1907년 323건이던 항일 의병 투쟁은 1908년에는 약 5배인 1,451건으로 늘어났어. 탄압이 심해지면 심해질수록 더욱 많은 수가 저항하니 일본으로서도 당황스러운 일이었지.

해산된 군인들이 거리 곳곳에서 일본군과 싸우고 있다는 소식은 안중근이 있던 평양에까지 들려왔어. 안중근은 한달음에 총격전이 벌어진 한성으로 달려갔어.

일본군의 총칼에 다친 군인들이 하루에도 몇 명씩 근대식 병원인 제중원으로 실려 왔어. 안중근은 안창호와 함께 그곳에 있는 미국인 의사들의 치료를 도왔지. 다친 군인들은 억울하고 분해서 못 살겠다며 울부짖었어. 몸에 난 상처보다 나라를 빼앗겼다는 사실이 더 참기 힘들었던 거야.

'나라가 이리도 급박하게 돌아가는데 어느 세월에 학생들을 교육하여 나라를 지킨단 말인가? 나라를 완전히 빼앗긴 뒤에는 교육이 다 무슨 소용 있겠는가? 인재도 중요하지만 지금 우리는 일 분, 일 초를 다투는 위기에 놓여 있다.'

안중근은 언젠가 아버지의 친구 분이 해 주신 말씀이 떠올랐어.

"백두산 뒤에 있는 서북 간도와 러시아 영토인 블라디보스토크 등지에는 한국인 백만여 명이 살고 있는데, 물자가 넉넉하여 활동하기 좋은 곳이라네. 만약 자네가 그곳에 간다면 언젠가는 반드시 큰일을 이룰 수 있을 것이네."

평양으로 돌아온 안중근은 마침내 마음의 결정을 내리고 가족들과 인사한 뒤 길을 나섰어.

의병장이 되어 일본과 전투를 치른 안중근.
그는 만국공법에 따라 일본군 포로들을 풀어 주지만 이 일로 엄청난 시련을 겪고 만다.

3. 독립군 의병장이
되다

◈ 러시아에 가다

　항구 도시인 블라디보스토크에는 이미 많은 한국인이 살고 있었어. 1860년대에 함경도에 홍수가 나서 많은 사람이 굶어 죽었는데, 참혹한 상황을 견디다 못해 국경을 넘어 러시아나 만주로 살림을 옮겼던 거야.

　블라디보스토크에는 영향력을 떨치던 한국인 두 명이 있었어. 바로 최재형과 이범윤이었지. 출신부터 블라디보스토크에 살게 된 배경까지 두 사람은 완전히 달랐어. 블라디보스토크에서 거물로 통하는 최재형은 노비 출신이었어. 1869년 아홉 살 때 가족들과 함께 먹고살기 위해 국경을 넘었지.

　반면 고위층 양반이었던 이범윤은 러시아 공사를 지낸 이범진과 형제였어. 이범진의 아들은 헤이그 특사 중 한 명인 이위종이었지. 이범윤은 북간도 관리사로 선발되어 러일 전쟁 때는 러시아 군대와 일본에 맞서기도 했어. 안중근이 이범윤을 찾아가 말했어.

　"오늘날 이토 히로부미는 임금을 속이고 백성들을 함부로 죽였으며, 이웃 나라와 우의를 끊고 세계의 신의를 저 버렸습니다. 황상●의 은혜

●황상 나라를 다스리는 임금

를 입은 공께서 나라가 위급한 이때 구경만 하고 있다면 과연 옳은 일이겠습니까? 부디 시기를 놓치지 말고 큰일을 일으키시기 바랍니다."

"옳은 말이네만, 무기와 장비를 갖추기도 쉽지 않거니와 그러려면 상당한 재정이 필요하다네."

"조국의 앞날이 바람 앞의 촛불과 같은데, 가만히 앉아서 기다린다고 문제가 저절로 해결되겠습니까? 공께서 거사를 결심하신다면 부족하나마 작은 힘이라도 보태겠습니다."

안중근이 이범윤을 찾아가 의병을 일으키자고 설득한 이때는 헤이그 특사 실패와, 고종이 퇴위되었다는 소식이 블라디보스토크에도 퍼져 있었어. 하지만 무기를 사들이고 병사들을 모아 훈련하기에는 자금이 부족했어. 안중근은 여러 지역을 돌아다니며 의병과 자금을 모으기 위해 연설했지.

"아! 슬프도다. 저 강도들이 폭도라 칭하며 군사를 풀어 참혹하게 살육하고 2년 동안 해를 입힌 한국인이 수십만 명에 이르렀습니다. 여러분, 대체 누가 폭도란 말입니까? 남의 땅을 빼앗고 사람을 죽이는 자가 폭도입니까, 외적을 막아 제 나라를 지키는 이가 폭도입니까! 이토 히로부미는 지금도 우리 2천만 민족이 일본의 보호를 받기를 원하고, 대한 제국이 평화로우며, 날마다 발전하고 있다고 전 세계를 속이고 있습니다. 이런 상황인데도 이토 히로부미를 처단하지 않는다면 대한 제국은 없어지고 말 것이며 동양 또한 말살될 겁니다. 하늘은 스스로 돕는 자를 돕는다고 하였습니다. 국가를 되찾아 독립을 바란다면 우리 함께 의병을 일으켜 힘을 내야 하지 않겠습니까!"

연설에 감동한 사람들은 독립운동에 쓸 돈이나, 무기가 될 만한 것을 내어 주었어. 함께 싸우겠다며 의병에 자원하는 사람도 있었지.

일본군에게 잔인하게 처형된 의병들

◆ 장군 안중근

드디어 나라 밖에서 독립군 부대인 '대한의군'이 창설되었어. 이때 안중근이 맡은 직책은 참모중장이었어.

1908년 6월, 마침내 안중근 부대는 두만강을 건넜어. 낮에는 숨어 있다가 밤에만 길을 가기를 몇 날 며칠이 지나서야 함경북도에 이르렀어. 그동안 일본군과 크고 작은 전투가 있었지. 죽거나 다친 사람도 있었지만 포로를 잡기도 했어. 사로잡은 일본군 포로에게 안중근이 물었어.

"그대들은 어찌하여 일본의 백성으로서 일본 국왕의 뜻을 받들지 않는가?"

'일본 국왕의 뜻'이란 러일 전쟁 때 일본이 내세웠던 '동양 평화와 대한 제국의 독립을 지키기 위해서 싸운다'는 선전 포고문을 말해. 이때까지도 안중근은 일본 국왕이 대한 제국과 만주를 차지하려고 사탕발림 했다고는 전혀 생각하지 못했거든. 그래서 이토 히로부미가 일본 국왕을 속이고 제 마음대로 우리 민족을 핍박한다고 여겼던 거야. 포로들은 살기 위해서 거짓 눈물을 흘리며 안중근의 비위를 맞췄어.

"그건 이토 히로부미 때문입니다. 그가 천황●●의 거룩한 뜻을 받들지 않고 제 마음대로 권력을 휘둘러서 귀한 목숨을 수없이 죽이고 혼자만 편안히 복을 누리고 있으니, 저희 역시 분개한 마음입니다. 하지만 저희가 무슨 힘이 있겠습니까."

말을 마친 포로들은 큰 소리로 통곡했어. 이제 곧 죽겠구나 싶으니 울음이 멈춰지지 않았지. 그런데 안중근의 입에서 뜻밖의 말이 나왔어.

"그대들을 놓아 줄 테니 돌아가서 그런 간악하고 음흉한 무리를 쓸어버려라. 같은 민족을 해롭게 하고 이웃 나라와 전쟁을 일으키는 그 같은 무리가 뿌리내리지 못하게 한다면 10년이 못 되어 동양 평화를 이룰 것

●● **천황** 일본에서 그들의 임금을 이르는 말

이다. 그렇게 하겠는가?"

전혀 예상치 못한 말에 포로들은 기뻐했어. 그들이 들고 왔던 무기를 가져가지 않으면 벌을 받는다며 두려움에 떨자 안중근은 무기도 돌려주겠다고 했지.

◆ 포로들을 풀어 준 이유

포로들이 몇 번이나 감사 인사를 하며 가는 동안 장교들은 기가 막혀 입을 다물지 못했어. 포로를 풀어 주는 건 굉장히 위험한 일이었어. 풀려난 포로가 의병들의 위치와 상황을 알려 주면 자칫 위험에 빠질 수도 있었으니까.

"대체 왜 저들을 풀어 주는 겁니까?"

"만국공법에 포로를 죽이는 법은 없소. 따로 가두었다가 나중에 배상을 받고 제 나라에 돌려보내는 것이지. 더구나 그들의 말이 진심으로 올바르니 풀어 주지 않고 어쩌겠소?"

"저들은 우리 의병을 사로잡으면 참혹하게 죽이고 있소. 우리 역시 적을 죽일 목적으로 이 고생을 마다하지 않는 것이지요. 그런데 애써서 잡은 포로를 놓아 주면 우리는 과연 어떤 목적으로 싸워야 합니까?"

어릴 적부터 병법●●●을 공부한 안중근도 자신의 행동이 위험하다는 생각은 했을 거야. 그런데도 왜 만국공법을 내세우며 위험을 무릅썼을까? 만국공법이란 세계 어느 나라에나 통용되는 법이란 뜻이니, 국제법을 말해. 당시 지식인들은 이 법이 동아시아에서 국가 간의 평화와 질서를 바로잡아 줄 것이라 기대했어. 물론 약소국인 대한 제국 입장에서 만국공법이 제대로 지켜진다는 것은 꿈같은 일임을 안중근도 잘 알고 있

●●● 병법 전쟁에서 전투를 벌이는 방법

었어. 그럼에도 이를 고집한 이유는, 의병이 대한 제국의 정식 군인으로서 국제적으로 인정받기를 바랐기 때문이었어. 만약 그렇게 된다면 대한 제국 또한 독립국으로서 지위를 인정받아 마땅했으니까. 아마도 안중근은 의병 활동을 통해서 대한 제국의 독립이라는 목표에 이르고자 했던 것 같아.

"그들이 잘못한다고 우리까지 잘못할 까닭은 없소. 또 일본 인구 4천만을 모두 죽인 뒤에 나라를 찾을 수도 없는 일입니다. 오직 의로운 행동으로 이토의 포악한 계략을 꾸짖으며, 이를 세계에 널리 알려서 열강의 공감을 얻은 뒤에야 우리는 진정으로 나라를 되찾을 수 있을 것이오."

그러나 장교들은 안중근의 생각과 계획을 도무지 이해할 수 없었어. 그들에게는 당장 눈앞의 적을 죽이는 게 급했고, 나라를 찾을 수만 있다면 수단과 방법을 가리지 않을 각오였으니까. 그러다 보니 부하들을 이끌고 다른 곳으로 가 버리는 장교도 있었어.

안중근은 남은 병사들을 이끌고 함경남도를 향해 나아갔어. 풀어 준 포로들 때문인지는 모르겠으나 가는 길목마다 일본군이 미리 지키고 있었지. 안중근 부대는 일본군과 격렬한 전투를 벌이고는 회령으로 빠져나가려고 했어. 그러나 일본군 수가 워낙 많아서 그마저도 쉽지 않았지.

상황이 여의치 않자 두만강으로 후퇴하려 했으나 이미 일본군에게 포위된 뒤였어. 날이 저문 데다 앞을 볼 수 없을 정도로 폭우가 쏟아져 내린 상황에서 의병들은 일본군과 맞서 격렬한 싸움을 벌였어. 나중에는 살았는지 죽었는지 확인조차 못한 채 뿔뿔이 흩어지고 말았지.

다음 날 다시 모인 인원은 60~70명 남짓이었어. 보이지 않는 사람들의 소식을 물어 보니, 죽은 이를 제외하고는 저마다 부대를 떠났다는 거야. 안중근은 남은 의병들을 이끌고 며칠씩 굶어 가며 블라디보스토크로 돌아왔어. 어찌나 고생이 심했던지 가까운 친구들조차 안중근의 모습을 알아보지 못할 정도였지.

단지 동맹을 맺은 안중근. 안중근은 왼손 넷째 손가락 첫 번째 마디를 잘라
피로 글씨를 쓰며 대한 독립의 의지를 다졌다.

4. 단지 동맹을 맺다

◈ **손가락을 자르다**

1909년 1월, 안중근은 러시아 땅 엔치야에 머물고 있었어. 이 무렵 러시아에서도 의병 활동을 하기가 쉽지 않았어. 그전까지 러시아는 의병 활동을 도운 것도 아니지만 금지하지도 않았어. 그런데 한반도를 떠난 의병들이 러시아를 근거지로 삼아 격렬하게 무장 투쟁을 벌이자 일본에서 러시아에 강하게 항의한 거야. 이후 러시아가 의병 활동을 적극적으로 막기 시작하면서 의병들도 전만큼 활발하게 움직일 수가 없었어.

안중근은 여전히 연설도 하고, 학생들을 가르치며 독립 정신을 일깨우기 위해 애썼으나 사람들의 반응은 예전만 못했어. 기대가 크면 실망도 크다고 회령 전투에서 패한 탓도 컸지.

다행히 그에게는 죽음까지도 함께 할 동지가 여럿 있었어. 하루는 안중근이 동지들을 불러 모았어. 안중근까지 모두 12명이 한자리에 모였지.

"우리가 이제까지 독립을 위해 힘썼으나 이룬 것이 아무것도 없소이다. 참으로 부끄러운 일이 아닐 수 없소. 그래서 나는 독립을 향한 우리

▲ 1907년에 영국 기자가 촬영한 의병들의 모습
▼ 단지 동맹 기념 엽서

의 목적을 반드시 이루겠다는 뜻으로 동지들과 특별한 단체를 만들고자 하오. 우리의 굳건한 다짐을 보이고자 오늘 이 자리에서 손가락을 잘라 맹세하는 것이 어떻겠소? 나라를 위해서라면 이 한몸 기꺼이 바쳐 목적을 이루겠다는 뜻으로 말이오."

안중근과 동지들은 왼손 넷째 손가락 첫 번째 마디를 끊은 뒤 태극기에 '대한 독립'이라고 피로 새겨 넣었어. 그리고 하늘을 향해 두 팔을 벌리며 '대한 독립 만세'를 세 번 외쳤지. 2천만 동포가 한마음이 되어 독립을 이룰 그날까지 목숨을 바쳐 싸우겠다고 하늘과 땅에 맹세한 거야. 손가락을 잘라 맺은 동맹이라는 뜻으로 이를 '단지 동맹'이라고 해.

◆ 이토 히로부미의 방문 소식

봄과 여름이 지나는 동안 안중근은 동지 몇 명과 고국으로 돌아가 상황을 직접 살펴보려고 했어.

"한성에 한번 다녀오는 것은 어떤가? 정확한 정보도 알고, 뭔가 새로운 소식도 들을 수 있을 듯하네만."

"그러면 좋겠지만 한성까지 다녀올 만한 비용을 마련할 수 있겠소?"

안중근은 답답했어. 날마다 신문을 뒤적이며 새로운 정보를 찾고 있지만 뭔가 놓치고 있는 것 같다는 불안감이 들었지. 하루는 아무 이유도 없이 마음이 울적해지며 초조함을 이길 수 없었어. 쉽게 진정되지 않는 마음을 달래려 서성이는데 〈대동공보〉의 기자 이강에게서 전보가 왔어.

서둘러 오기 바람.

안중근 의거를 알린 〈대동공보〉

〈대동공보〉는 블라디보스토크에 사는 한국인들이 만든 신문이야. 이 신문은 나중에 안중근이 이토를 저격했다는 사실을 가장 먼저 알렸을 뿐만 아니라 체포부터 사형에 이르기까지, 안중근 의거와 관련된 모든 과정을 상세히 보도하지.

안중근은 길을 나서기 전에 동지 몇 명에게 이렇게 말했어.

"나는 지금 블라디보스토크로 가려 하네."

"아무 일도 없이 갑자기 왜 그러는가?"

"정확히는 나도 모르네. 다만 이곳에 더 머물고 싶은 마음이 사라졌네."

"이제 가면 언제 오는가?"

"다시 안 돌아오겠네."

무심코 한 말이었지만 안중근은 어쩐지 그런 예감이 들었어. 동지들과 작별한 안중근은 바로 블라디보스토크로 가는 기선을 탈 수 있었어. 블라디보스토크까지 가는 기선은 일주일에 한두 번밖에 다니지 않았는데 마침 운이 좋았던 거야.

블라디보스토크에 이르니 얼마 뒤에 이토 히로부미가 온다는 소문이

자자했어. 안중근은 더 자세히 알아보려고 신문을 샀어. 소문처럼 머지않아 이토가 하얼빈에 도착한다는 기사가 있었지. 안중근은 기뻐하며 속으로 외쳤어.

'그동안 바라던 바를 이제야 이루게 되었구나! 늙은 도둑을 내 손으로 끝내는 거야!'

하얼빈으로 가기 전까지 안중근은 최재형의 집에 머물며 마음 놓고 사격 연습을 할 수 있었어. 이토를 저격할 때 쏜 총이며 하얼빈으로 가는 비용도 최재형이 댔지.

최재형은 일본에서도 일찌감치 주목하고 있었어. 훗날 안중근 의거 후 일본은 배후의 인물로 가장 먼저 최재형을 꼽았지. 그러나 안중근은 동지들이 해를 입지 않도록 이 사실을 자서전 〈안응칠 역사〉에도 남기지 않았어.

〈대동공보〉 사장을 맡았던 최재형

현재 우리나라에 남아 있는 가장 오래된 태극기.
1890년경 고종이 미국인 외교 고문에게 하사한 것으로 알려져 있다.

5. 동지들과
거사를 준비하다

◆ **블라디보스토크에서 하얼빈으로**

　이토 히로부미가 하얼빈에 온다는 소식에 안중근은 치밀하게 정보를 수집했어. 이토가 오는 정확한 날짜를 알아보고 열차 시간을 확인했지.

　이 일을 이루려면 동지가 꼭 필요했어. 만약 안중근이 실수로 이토를 놓친다면 뜻을 같이 하는 이가 또 다른 기회를 엿보아야 했으니. 안중근이 떠올린 사람은 우덕순이었어. 우덕순은 안중근이 이끄는 회령 전투에도 참여한 의병이었어. 회령 전투 때 일본군에게 포로로 잡혔으나 죽을 고비를 넘기며 탈출하여 블라디보스토크로 돌아왔지.

　그런데 큰 걸림돌이 있었으니 둘 다 러시아어를 할 줄 모른다는 사실이었어. 그때 안중근의 머릿속에 유경집이 떠올랐어. 쑤이펀허 지방에 사는 한의사인 유경집은 독립운동가들을 돕고 있었어.

　마침 안중근이 탄 기차가 쑤이펀허에서 1시간 정도 머물렀어. 그 사이 두 사람은 유경집을 찾아가 도움을 청했어. 유경집은 아들 유동하에게 자세한 사항은 말하지 않은 채, 하얼빈에 가야 할 일이 있다며 두 사람의 안내를 맡으라고 했어. 안중근도 유동하가 아직 열일곱 살밖에 안

되었기에 모든 사실을 알리기에 무리가 있다고 보았어. 또 붙잡혔을 경우 유동하의 안전을 생각한다면 거사 계획을 모르는 편이 낫다고 생각했지. 그렇게 세 사람은 함께 하얼빈으로 향했어.

◆ 기념 사진을 찍다

안중근 일행이 하얼빈에 도착한 시각은 밤 9시 15분경이었어. 전날 유동하를 만나 쑤이펀허를 출발한 시각이 밤 10시 30분경이었으니 꼬박 하루가 걸린 셈이었지.

안중근은 유경집이 소개해 준 김성백의 집을 찾아갔어. 밤이 깊었으나 안중근은 김성백에게 신문을 달라고 했어. 이토가 오는 정확한 날짜를 확인하기 위해서였지.

다음 날인 10월 23일 아침 일찍 안중근은 우덕순과 유동하를 이끌고 하얼빈 시내로 갔어. 덥수룩하게 자란 머리카락을 단정하게 자른 뒤 새 옷도 사 입었어. 허름한 옷차림 때문에 의심을 살 수도 있으니까.

세 사람은 청나라 사람이 운영하는 사진관에 갔어. 유동하는 사진 찍는 이유를 알지 못했지만 안중근과 우덕순에게는 하나의 의식이었어. 나라의 독립과 동양의 평화를 외칠 그 순간은 안중근과 우덕순의 일생에서 그 어느 때보다 경건하고 의로운 시간이었지. 마지막이 될지도 모를 그 순간을 위해 안중근과 우덕순은 몸과 마음을 다잡았어.

점심때쯤 김성백의 집으로 돌아온 안중근은 이토를 태운 특별열차가 10월 25일 밤에 창춘에 있는 쿠안청쯔에서 출발한다는 신문 기사를 보았어. 그렇다면 하얼빈에는 10월 26일에나 도착할 거야.

유동하가 집으로 돌아가야 했기에 안중근은 통역할 사람을 새로 구

하얼빈에서 안중근, 우덕순, 유동하(왼쪽부터)가 함께 찍은 기념 사진

해야 했어. 그때 떠오른 사람이 조도선이었어. 전에 블라디보스토크에 살았던 조도선은 이 무렵 세탁업을 하려고 하얼빈에 와 있었지. 안중근이 가족을 마중해야 한다면서 통역을 부탁하자 조도선은 수락했어.

안중근과 우덕순은 돈을 조금 더 마련하기로 했어. 낮에 시내를 둘러보았을 때 하얼빈 역 주변으로 경비가 삼엄하게 이루어지고 있는 걸 보았거든. 만일에 대비해 하얼빈이 아니라 다른 역으로 가야 할 수도 있었어. 그래서 두 사람은 유동하를 시켜 김성백에게 돈을 빌려 오라고 했어.

유동하가 나간 사이에 안중근은 우덕순에게 시를 한 편 지어 주었어. 흔히 〈장부가〉라고 불리는 시는 다음과 같아.

장부가 세상을 살아감이여, 그 뜻이 크도다.
시대가 영웅을 만드니, 영웅이 시대를 만드는구나. (…)
쥐 같은 도적 이토여, 어찌 살기를 바랄 수 있으리.
이리 될 줄 알았으랴만, 이미 돌이킬 수 없노라. (…)

우덕순도 시를 한 편 지어서 안중근의 시에 답했어. 마찬가지로 나라의 도적인 이토를 만나 복수하여 독립을 이루겠다는 의지를 다지는 내용이었지.

시 짓기를 마친 안중근은 블라디보스토크에 있는 〈대동공보〉의 이강에게 편지를 썼어. 유동하가 김성백에게 돈을 빌려 오면 안중근으로서는 돌려줄 방법이 없었기에 신문사에서 대신 갚아 달라는 부탁의 편지였어. 하지만 편지를 쓰는 진짜 이유는 따로 있었어. 나중에 안중근의 거사 소식이 알려질 때 그 목적까지도 분명하게 전달되기를 바랐기 때문이었지. 그래서 편지에 이토의 도착 예정 시간과 거사 계획, 거사를 앞두고 쓴 시 등을 적고 두 사람의 도장을 찍었어.

편지를 다 썼을 무렵 유동하가 돈을 빌리지 못하고 빈손으로 돌아왔어. 난감하지만 달리 방법이 없었지.

◆ 만일에 대비해 두 곳에서 기다리다

아침 일찍 안중근 일행은 하얼빈 역으로 갔어. 표를 사면서 조도선에게 열차 정보를 알아 오게 했어. 지야이지스고 역에서 열차가 교차한다는 사실을 알게 되었지. 원래는 이토를 태운 특별열차의 출발지인 창춘까지 가려고 했으나 차비가 부족했어. 그래서 계획을 바꿔 지야이지스고 역으로 갔어.

안중근 일행은 그곳 역무원에게 시치미 떼고 물었어.

"이곳에는 기차가 하루에 몇 차례나 지나다닙니까? 가족을 마중을 나왔는데 기차가 어떻게 다니는지 통 모르겠네요."

"하루 세 번씩 다닙니다. 그런데 오늘 밤에는 특별열차가 창춘으로 갔다가, 이토 히로부미를 맞이하여 모레 아침 6시쯤 여기에 올 겁니다."

역무원의 대답은 처음 듣는 소식이었어. 안중근의 머릿속은 더욱 복잡해졌지.

'아침 6시쯤이면 아직 날이 밝기 전이라 이토는 틀림없이 정거장에 내리지 않을 것이다. 만약 열차에서 내린다 해도 어둠 속이라 누가 이토인지 알 수 없을 것이다. 더구나 나는 이토 히로부미의 얼굴도 모른다. 이래서야 어찌 일을 완수할 수 있겠는가! 가장 확실한 건 창춘으로 가는 건데 차비가 부족하니 그마저도 할 수 없고.'

해가 지고 저녁 7시 무렵 유동하가 전보를 보내 왔어. '(이토 히로부미가) 내일 아침에 온다'는 짧은 내용이었어. 유동하가 전한 내용은 역무원에게 들은 것과 일치하지 않았지. 안중근은 유동하의 답변이 의문스러워 다시 생각에 잠겼어.

날이 밝자 안중근은 우덕순에게 밤새 고민한 것들을 말했어.

"우리가 여기 같이 있는 것은 좋은 방법이 아니오. 첫째는 돈이 부족하고, 둘째는 유동하의 답이 몹시 의문스럽고, 셋째는 이토가 내일 날이 밝기 전에 여기를 지나간다면 일을 그르치기 쉬울 거요. 만약 내일 기회를 놓친다면 다시는 일을 도모하기가 어려울 거외다. 그러니 그대는 여기서 머물며 내일 기회를 기다렸다가 상황을 보아 행동하시오. 나는 오늘 하얼빈으로 돌아가겠소. 두 곳에서 기회를 만드는 게 성공 확률이 훨씬 높을 것이오."

그날 밤, 모든 준비를 마친 안중근은 김성백의 집에서 날이 밝기를 기다렸어. 지야이지스고 역에서는 우덕순이 이토가 탄 특별열차를 기다리고 있었지.

'늙은 도둑 이토가 분명하다.'
이토 히로부미를 향해 방아쇠를 당기는 안중근

6. 제국주의의
심장을 쏘다

◆ **10월 26일 그날**

안중근은 아침 일찍 눈을 떴어. 수수한 양복으로 갈아입고 권총을 지닌 채 하얼빈 역으로 간 시각이 아침 7시였어.

9시쯤 되자 구경꾼에 환영하는 사람들까지 모여들어 하얼빈 역은 발디딜 틈도 없이 북적거렸어. 안중근은 일찌감치 찻집에 앉아 상황을 지켜보았지. 마침내 이토가 탄 특별열차가 도착했고, 회담을 마친 그가 열차에서 내리자 열을 지어 죽 늘어선 러시아 군인들이 일제히 경례했어.

이윽고 늘어선 군인들 사이로 러시아 관리들이 모습을 드러냈어. 러시아 관리들이 에워싼 채 한 무리가 걸어오고 있었는데, 맨 앞에 얼굴은 누렇고 하얀 수염에 키가 자그마한 늙은이가 안중근의 시야에 들어왔어.

'이토다!'

안중근은 직감적으로 깨달았어. 이토는 환호하는 사람들에게 손을 흔들면서 당당하게 걸음을 옮기고 있었지. 안중근은 피가 거꾸로 솟는 것 같았어.

'나라를 강제로 빼앗은 걸로도 모자라 사람의 목숨을 잔혹하게 해치

고 동양의 평화를 위협하는 극악무도한 늙은 도둑이 어찌 저리 당당할 수 있단 말인가!'

이토임을 알아차린 순간 안중근의 손은 이미 권총으로 향하고 있었어.

탕! 탕! 탕! 탕!

신속히 방아쇠를 당겼을 때 안중근은 문득 이토의 얼굴을 한 번도 못 봤다는 데 생각이 미쳤어.

'만일 저자가 이토가 아니라면? 그렇다면 낭패이지 않은가!'

실패를 용납할 수 없는 일이었기에 잠시 당황했으나, 안중근은 다시 마음을 가다듬고 무리의 뒤쪽도 찬찬히 살펴보았어. 가장 위엄 있게 걷는 사람이 보이자 그를 향해 연달아 세 발을 더 쏘았지.

안중근이 가진 총은 모두 7발이 발사되는 것이었어. 이토에게 4발의 총을 쏘았다고 했지만 실제로는 3발이었어. 나머지 3발은 이토를 뒤따르던 일본인의 팔과 다리에 명중했지만 생명에는 큰 지장이 없었어. 마지막 한 발은 안중근의 총에 남아 있었지.

◆ **동지들도 체포되다**

우덕순과 조도선도 10월 26일 11시 55분에 러시아 헌병에게 체포되었어. 우덕순은 그 순간에도 안중근이 거사에 성공했다는 사실을 알고 크게 기뻐했어. 그가 남긴 이야기도 한번 들어볼까?

무심코 창밖을 내다 봤더니 군인 수백 명이 우리가 있는 집을 에워싸고 있었어요. 잠시 뒤 칼을 빼든 군인들이 우리 방에 들어오더니 몸에 지닌 것을 내놓으라고 하더군요. 그래서 나는 8연발 권총과 내 종친•

● **종친** 성과 본이 같은 일가

우연준한테 빌려 온 신원 증명서를 상 위에 내놓으며 물었지요.

"대체 무슨 이유로 이러는 겁니까?

"'응칠 안'이 이토를 죽였소. 수상한 조선 사람을 잡으라는 지령이 내렸소."

장교 한 사람이 대답하며 전보 온 것을 내놓았어요. 그 순간 나는 벌떡 일어나서 "코레이시케 우라!"라고 몇 번이든지 외쳤습니다. '한인 만세'란 뜻이지요.

- 〈우덕순 선생의 회고담〉

만약 안중근과 같은 기회가 있었다면 우덕순도 그 순간을 놓치지 않았을 거야. 그러니 안중근의 성공이 자신의 성공인 것처럼 우덕순도 기뻐했지.

체포 직후의 안중근

7. 이토 히로부미를 쏜
15가지 이유

◈ 이토의 죄를 알리다

사건이 일어난 직후 러시아 헌병들이 안중근을 끌고 갔어. 일본과 외교적인 마찰을 피하기 위해, 러시아에서는 하얼빈에 살고 있던 많은 한국인을 붙잡아 일본 총영사로 보냈어.

안중근은 일본 측의 심문을 받았어. 검찰관이 이토를 쏜 까닭을 묻자 안중근은 막힘없이 대답했지. 안중근은 〈안응칠 역사〉에도 그 15가지 이유를 들었어.

첫째, 한국 명성 황후를 시해한 죄요.
둘째, 한국 황제를 폐위시킨 죄요. (…)
열두 번 째, 한국인이 일본인의 보호를 받고자 한다고 세계에 거짓말을 퍼뜨린 죄요.
열세 번 째, 현재 한국과 일본 사이에 분쟁이 쉬지 않고 살육이 끊이지 않고 있는데도 한국이 태평무사한 것처럼 위로 일본 국왕을 속인 죄요.

열네 번째, 동양 평화를 깨뜨린 죄요.

열다섯 번째, 현재 일본 국왕의 아버지 태황제를 죽인 죄이다.

— 〈안응칠 역사〉 중에서

열다섯 번째로 든 이토가 일본 국왕의 아버지를 죽였다는 내용은 안중근이 일본에서 나온 여러 책을 읽고 내린 결론이었어. 하지만 일본 안에서도 의견이 여러 가지라 정확한 사실인지는 확인할 수 없어. 그것을 제외한 나머지는 구체적인 사건을 근거로 들거나 정치와 경제, 교육 그리고 동양 평화에 관한 내용이었어. 안중근이 이토에 대한 개인적인 감정으로 거사를 일으킨 게 아니라는 것을 뜻하지.

◆ 뤼순 감옥에 갇히다

심문이 끝난 뒤 안중근은 뤼순 감옥으로 옮겨졌어. 함께 체포된 우덕순, 조도선, 유동하, 정대호, 김성옥 등 8명도 같이 있었는데, 하얼빈에서 뤼순까지는 기차로 이동했어. 이 과정에서 안중근은 일본 순사에게 폭행을 당하기도 했어.

그런데 뤼순에 도착한 뒤로는 이상하리만큼 대우가 좋은 거야. 그 이유는 무엇이었을까? 안중근은 많은 사람이 보는 가운데 현장에서 바로 잡힌 데다 진술도 일관되었기에 일본이 굳이 폭력을 쓸 필요가 없었던 거지. 게다가 이 일은 전 세계가 주목하는 사건이었어. 서구 열강 같은 '문명국'으로 인정받고 싶었던 일본은 안중근에게 폭력을 써서 괜한 비난을 받고 싶지 않았어. 더구나 안중근은 개인적인 감정이 아니라 나라를 구하려는 목적에서 거사를 일으켰으니, 일본은 더 조심스러울 수밖에 없었지.

또 한 가지는 뤼순 감옥 관계자들이 안중근의 인격에 감동하여 함부로 행동하지 않은 것이었어. 당시 뤼순 감옥의 간수였던 지바 도시치도 처음에는 이토를 죽인 안중근을 미워했어. 하지만 안중근을 대하면서 차차 분노와 증오는 사라지고 존경하는 마음으로 바뀌었지. 그는 안중근을 '청렴한 인격자'이며 '평화를 향한 고매한* 이념'을 품은 사람이라고 여겼어. 안중근이 순국한 뒤에도 평생 공경하며 살았지.

그러나 일본의 호의는 오래 가지 않았어. 안중근의 동생 정근과 공근이 면회를 왔어. 안중근이 진남포를 떠난 뒤 3년 만에 보는 터라 형제들은 무척 반가웠지. 안중근은 동생들에게 한국인 변호사를 구해 달라고 부탁한 뒤 천주교 신부를 불러 성사**를 받았으면 좋겠다고 했어. 그 뒤 검찰관에게 심문을 받는데, 그들의 말과 행동이 이전과는 정반대가 된 거야. 강압적으로 굴기도 하고 억지를 부리면서 말도 안 되는 소리를 하더니 업신여기고 깔보기까지 했지. 안중근은 검찰관의 태도가 갑자기 바뀐 건 그의 본심이 아니라 일본 정부 등 외부의 압력 때문이라고 생각했어.

● 고매한 높고 뛰어난
●● 성사 가톨릭교회에서 신자들에게 신의 특별한 은총을 베푸는 종교 의례

미국 땅에서 울린 또 다른 총소리!
장인환과 전명운 의거

1908년 3월 22일 저녁, 샌프란시스코 페어몬트 호텔 로비에서 한 무리가 미국인 남자에게 신문을 흔들어 보이며 따졌어.

"이거 당신이 쓴 겁니까? '조선은 가난한 나라인데 선진국인 일본이 조선을 잘살도록 돕는 것은 당연한 일이며, 조선인들은 일본에 감사해야 한다.' 정말로 이런 내용을 썼단 말입니까?"

"당연하지요. 사실 아닙니까?"

이 무리는 샌프란시스코 한인 이민 단체 소속 회원들이었고, 미국인은 대한 제국 외부의 고문이었던 더럼 스티븐스였어. 스티븐스가 뻔뻔하게 대답하자 이민 단체 회원들은 커다란 등나무 의자를 던지면서 화를 냈지. 호텔 측에서는 즉각 이들을 쫓아냈고 스티븐스는 얼굴 몇 군데에 상처를 입었어.

다음 날인 23일 아침 9시 30분쯤 스티븐스가 워싱턴으로 가기 위해 페리 역에 도착했어. 스티븐스가 나타나자 역 한쪽 구석에 있던 일본인들이 환영했지. 그때 한 한국 청년이 스티븐스를 향해 권총을 발사했어. 하지만 총알은 나아가지 않았어. 두 번째 방아쇠도 '찰칵' 소리만 날 뿐이었지. 총에 문제가 있다고 생각한 청년은 갑자기 스티븐스를 향해 몸을 던졌어.

느닷없는 습격에 스티븐스가 청년에게서 빠져나가려 몸부림치던 순간 세 번의 총소리가 들려왔어. 그와 동시에 스티븐스와 청년은 바닥에 쓰러지고 말았지. 눈앞에는 또 다른 한국인이 스티븐스를 향해 총부리를 겨누고 있었어.

스티븐스를 향해 달려든 청년은 전명운이었고, 총을 쏜 한국인은 장인환이었어. 장인환이 쏜 첫 번째 총알은 전명운의 오른쪽 어깨를 스쳤고, 두 번째와 세 번째 총알은 스티븐스의 등과 허리에 명중했어. 스티븐스는 곧바로 병원으로 옮겨졌으나 이틀 뒤 사망했어.

스티븐스를 쏜 장인환은 "스티븐스는 일본의 보호 정치를 도와주었다. 이런 매국노를 죽이지 않으면 우리나라의 운명은 어두울 뿐이다. 그를 죽이고 나도 죽는다면 조국 대한의 영광이 될 것이다"라고 외쳤어.

현장에서 붙잡힌 전명운과 장인환은 각각 살인 미수와 살인 혐의로 재판을 받게 되었어. 교민들은 변호사 비용을 모금하는 한편 재판부에 무죄를 호소했어. 스티븐스 저격은 대한 제국의 독립을 위한 투쟁이며 엄연히 독립 전쟁의 한 과정이라고 덧붙였어.

몇 번에 걸친 재판 끝에 전명운은 증거 부족으로 풀려났고, 장인환은 살인죄를 판정

악수하는 전명운(왼쪽), 장인환(오른쪽) 열사

받아 1919년까지 감옥에 갇혀 있었어. 이후 장인환은 1927년에 잠시 고국으로 돌아왔으나 일제의 감시 때문에 다시 미국으로 가서 3년 뒤 가족도 없이 외롭게 삶을 마감했어. 다행히도 전명운은 미국에서 우리나라의 광복을 지켜보았어. 그러나 1947년 죽는 날까지 가난 때문에 비참하게 살아야 했지.

거사 동지들. 오른쪽부터 차례대로 우덕순, 조도선, 유동하, 김성옥, 김형재.

8. 사형 선고를 받다

◈ **여섯 번의 재판**

안중근 의거가 세계의 이목을 집중시킨 일이었기에 일본은 공정한 재판을 하는 듯 보이려 했어. 그러나 일본의 목적은 안중근에게 사형을 내리는 데 있었어. 안중근이 개인적인 욕심이나 감정으로 이토를 저격한 게 아니었기에 공정하게 재판한다면 일본의 뜻대로 결과가 나온다는 보장이 없었지. 엄밀하게 따져 '대한 제국 의병 참모중장'의 자격으로 거사를 일으킨 안중근은 사형을 받지 않을 확률이 훨씬 높았던 거야.

처음에 뤼순 법원에서는 외국인을 비롯한 한국인 변호사까지 안중근의 변호를 맡는 것을 허락했어. 그러나 일본은 갑자기 안중근에 관한 모든 변호 신청을 거부했어. 1908년 3월 미국인 스티븐스를 저격한 장인환과 전명운이 사형을 받지 않았던 것처럼, 그대로 두었다가는 일본 정부의 뜻과는 전혀 다른 결과가 나올 게 뻔했으니까.

일본은 어떻게든 자기들이 원하는 결과를 만들어야 했어. 그래서 뤼순 법원의 최고 책임자를 도쿄로 불러들였지. 그가 다시 뤼순으로 돌아온 뒤부터 안중근이 느낀 대로 재판은 일본 정부의 뜻대로 흘러가게 되

뤼순 관동 법원 재판정에 있는 안중근과 동지들. 맨 앞줄 오른쪽부터 안중근, 우덕순, 조도선, 유동하가 앉아 있다.

었어. 그는 당시 심경을 이렇게 기록했어.

> 오늘 내가 당하는 이 일이 생시인가, 꿈인가. 나는 당당한 대한국 국민인데 어째서 일본 감옥에 갇혔단 말인가. 더욱이 일본 법률에 따라 재판을 받는 까닭이 무엇인가. 내가 언제 일본에 귀화˙라도 했단 말인가. 판사도 일본인, 검사도 일본인, 변호사도 일본인, 통역관도 일본인, 방청인도 일본인! 그야말로 벙어리 연설회냐, 귀머거리 방청이냐. 이것이 진정 꿈속 세계냐, 만일 꿈이라면 어서 깨어라, 어서 빨리 깨려무나!
>
> – 〈안응칠 역사〉 중에서

재판은 모두 6번에 걸쳐 열렸어. 1910년 2월 10일에 열린 4차 재판에서 안중근에게 사형이 구형˙˙되었어. 안중근으로서는 도무지 이해할

● **귀화** 다른 나라의 국적을 얻어 그 나라의 국민이 됨.
●● **구형** 형사 재판에서, 피고인에게 어떠한 형벌을 줄 것을 검사가 판사에게 요구함.

수 없는 결과였지.

◆ 1910년 2월 14일

안중근이 사형을 받아야 하는 이유를 물었더니 다음과 같은 대답이 돌아왔어.

"당신 같은 사람이 세상에 살아 있으면 많은 한국인이 그 행동을 본뜰 것이오. 일본인이 두려워하고 겁을 먹을 텐데 어찌 편안하게 산단 말이오? 그렇기에 사형을 청하는 것이오."

5차 재판에서는 안중근의 최후 진술이 있었어. 검찰관에게 사형까지 구형받았음에도 침착함과 당당함을 잃지 않았어.

"나는 개인으로 사람을 죽인 범죄자가 아니오. 나는 대한국 의병 참모중장으로서 하얼빈에 왔소. 전쟁을 벌여 습격한 뒤 포로가 되어 이곳에 온 것이란 말이오. 그러니 뤼순 지방 재판소와는 전혀 관계가 없소. 이 일은 만국공법과 국제공법으로 판결해야 마땅하오."

이전에 이미 일본군 포로들을 국제법에 따라 풀어 준 적이 있기에 안중근은 자신도 그에 합당한 재판을 받아야 한다고 생각한 거야.

그러나 마지막 6차 재판이 있던 2월 14일에 안중근은 사형, 우덕순은 징역 3년, 조도선과 유동하는 징역 1년 6개월을 선고받았어. 안중근은 슬퍼하거나 실망하지 않았어. 사형을 선고받았다는 사실보다 동양의 평화를 전하지 못하게 될 것이 더 걱정이었지.

안중근은 세 나라가 힘을 모으면 동아시아의 평화를 이룰 수 있다고 보았다.
그러나 사형이 집행되며 〈동양 평화론〉은 완성되지 못했다.

9. 감옥에서 쓴
동양 평화론

◈ 안중근의 평화 사상

안중근은 고등법원장을 만나 사형 집행을 늦추어 줄 수 있는지 물었어. 한 달 정도 미루어 달라고 한 뒤 〈동양 평화론〉을 남기기로 마음먹은 거야. 안중근이 부르짖는 동양 평화가 무엇인지 한번 살펴보자.

유럽 여러 나라는 지난 수백 년 이래 도덕을 까맣게 잊고, 날로 무력을 일삼으며 경쟁심에 불타서 남의 땅을 침범하는 데 조금도 거리낌이 없다. 그중에서도 러시아가 심한데 그 폭행과 잔인함으로 인한 해악이 서구든 동아시아든 미치지 않는 곳이 없다.

그 해악이 차고 넘쳐 하늘과 땅이 노하니 조그만 섬나라인 일본으로 하여금 매듭짓게 한 까닭이다. 조그만 일본이 강대국 러시아를 만나 만주 대륙에서 한 주먹에 때려 눕혔으니 누가 감히 이런 일을 상상이나 하였겠는가.

– 〈동양 평화론〉 중에서

안중근은 서구 문명이 동아시아까지 무력으로 장악한 사실을 지적하면서 그중에서도 러시아가 심하다고 보았어. 러일 전쟁에서 상대도 되지 않는 작은 나라인 일본이 승리한 것도 러시아의 해악에 하늘이 노했기 때문이라고 여겼어. 그러면서 일본이 한국과 청나라를 못살게 굴었음에도 두 나라가 러시아가 아닌 일본을 응원한 까닭에는 크게 두 가지 이유가 있다고 했어.

러시아와 전쟁을 벌이면서 일본 국왕이 선전 포고하기를, '동양 평화를 유지하고 대한 독립을 공고히 한다'고 하였다. 이와 같은 큰 뜻이 분명했기에 한국과 청나라는 지혜로운 이나 어리석은 이를 막론하고 한마음으로 일본을 응원했음이 첫 번째 이유이다.
둘째로는 일본과 러시아의 다툼이 황인종과 백인종 간의 경쟁이라 할 수 있으므로, 지난날 원수로만 보던 일본에 대한 감정이 사라져 버리고 황인종을 사랑하고 응원하는 무리로 하나를 이룬 것이다.
― 〈동양 평화론〉 중에서

우리나라와 청나라 사람들이 러일 전쟁에서 일본을 응원한 이유는 일본이 '동양 평화'와 '대한 독립'을 내세웠기 때문이었어. 안중근은 마지막까지도 일본이 거짓말을 했다고는 생각하지 않았던 거야.
또 한 가지 원인으로 안중근은 백인종과 황인종의 대결을 꼽았어. 즉 안중근은 서양을 대표하는 백인종과 동양을 대표하는 황인종 간의 갈등이 러일 전쟁으로 나타났고, 일본이 황인종을 대표해서 싸운다고 본 거야. 그래서 한마음으로 일본을 응원했는데 배반하니, 일본은 당연히 동양의 평화를 위협하는 존재가 된 거지. 이 일에 앞장선 인물은 누가 보더라도 이토 히로부미가 틀림없었고.

재판 중 안중근이 누누이 강조한 것 중 하나가 개인으로서가 아닌 대한 제국 의병 참모중장의 자격으로 이토 히로부미를 쏘았다는 사실이었지? 그렇기에 안중근의 거사는 '의로운 전쟁'이었고, 재판을 통해 동양 평화를 위협하는 일본의 행위에 대해 옳고 그름을 매듭지으려 했던 거야.

안중근에게는 동양 평화를 이루기 위한 구체적인 계획도 있었어. 몇 가지만 살펴보자.

- 한국, 청, 일본은 형제의 나라와 같으니 남보다 더 친하게 지내야 한다.
- 일본은 뤼순을 청에게 돌려주어야 한다. 그런 뒤 뤼순을 청, 일본, 한국이 공동으로 관리하는 군항으로 만들어 세 나라에서 대표를 보내 평화 회의를 조직한다.
- 뤼순에 조직한 동양 평화 회의 회원을 모집하여 회비로 운영하되 은행을 설립하고 세 나라가 공통으로 쓸 수 있는 화폐를 발행하여 자금 문제를 해결한다.
- 일본을 노리는 열강에 대응하기 위해서는 무장을 해야 하는데 이 문제는 세 나라의 대표가 만나 서로 협의한다. 또한 세 나라의 청년들로 군대를 만들고 2개국 이상의 언어를 배우게 하여 형제의 나라로 여기며 서로 돕는다.

놀랍지 않니? 동아시아 3국이 서로 협력하여 함께 성장하며 평화를 이룬다는, 지금으로서는 꿈과 같은 이야기를 안중근은 자그마치 110여 년 전에 떠올린 거야. 유럽이 유럽연합을 조직한 게 1990년대 초반이니 안중근의 구상은 그보다 80여 년이나 앞선 것이지. 게다가 그 방안이 매우 구체적이어서 오늘날 우리에게 적용해도 전혀 어색하지 않아.

안타깝게도 안중근에게는 동양 평화를 이룰 시간뿐 아니라 〈동양 평화론〉을 저술할 시간조차 주어지지 않았어. 〈동양 평화론〉은 그렇게 미완성 상태로 남게 되었지.

◆ 형장의 이슬로 사라지다

1910년 3월 8일에 빌렘 신부가 면회를 왔어. 전에 면회 온 동생들에게 천주교 신부를 불러 성사를 받았으면 좋겠다고 했는데, 그 소식을 듣고 빌렘 신부가 달려와 준 거야. 독실한 천주교인이었던 안중근은 마지막까지 천주교 신자로서 의무를 다하고 싶었어. 빌렘 신부는 4일 내내 면회하면서 안중근이 마음을 정리할 수 있도록 도왔어.

3월 26일 뤼순은 이른 아침부터 짙은 안개가 끼더니 10시 무렵에는 부슬비까지 내렸어. 미조부치 검찰관을 비롯해 일본인 몇 명이 지켜보는 가운데 안중근이 형장으로 끌려 나왔어. 고향에서 보내온 흰색 명주 한복으로 갈아입은 안중근의 얼굴은 평온해 보였어. 감옥 소장이 사형 집행문을 읽은 뒤 안중근에게 유언을 남기라고 했어.

"내가 이토를 처단한 것은 오로지 동양의 평화를 위해서였습니다. 부디 이 자리에 있는 여러분도 두 나라가 화합하여 동양 평화를 이루도록 힘써 주시기 바랍니다."

그러면서 다 함께 '동양 평화 만세'를 외치자고 했어. 그러나 일본 측에서는 허락할 수 없다면서 형 집행을 서둘렀지. 간수들이 와서 흰 종이

빌렘 신부와 동생들에게 유언하는 안중근

와 흰 천으로 눈을 가린 뒤에야 기도하고 싶다면 해도 좋다고 했어. 안중근은 약 2분 동안 마음속으로 기도했어. 잠시 뒤 간수 두 명의 부축을 받아 안중근이 교수대로 이동했어. 이윽고 그는 침착하고 평온한 상태로 31년의 삶을 마감했어.

안중근 의거가 불씨가 되어, 이후 많은 젊은이들이 독립운동의 길에 나섰다.

10. 안중근의 유언

◈ 아직도 찾지 못한 유해

안중근의 형이 집행되는 동안 감옥 밖에서는 안중근의 동생 정근과 공근이 시신을 돌려받으려고 기다리고 있었어. 면회 온 동생들에게 안중근은 어머니와 아내 등에게 쓴 편지를 전하고 아래와 같은 유언을 남겼거든.

내가 죽은 뒤에 내 뼈를 하얼빈 공원 곁에 묻어 두었다가 국권이 회복되거든 고국으로 옮겨다오. 나는 천국에 가서도 국권 회복을 위해 힘쓸 것이다.

재판도 일본 마음대로 끌고 가서 안중근을 위해 아무런 힘도 쓰지 못했기에 두 사람은 형의 유언만큼은 꼭 들어주고 싶었어. 그런데 일본 측에서는 감옥법을 들먹이는 한편, 정부의 명령이라면서 두 사람의 외출을 막고 감시한 것으로도 모자라, 끝내 안중근의 시신을 내어 줄 수 없다고 했어. 오직 예배만 허락한다고 했지.

순국 직전 하얀 수의를 입은 안중근(왼쪽). 그의 어머니인 조마리아 여사(오른쪽)가 사형 선고를 받은 안중근에게 '옳은 일을 하고 받은 형이니 떳떳하게 죽는 것이 어미에 대한 효도'라는 편지와 함께 수의를 지어 주었다는 이야기도 있다.

"나랏일에 목숨을 바친 형님께 사형이라는 극형을 내렸으면서 이제는 시신도 내어 주지 않겠다니! 이토록 잔인하고 끔찍한 너희의 행동은 죽어서도 잊지 않겠다!"

두 사람은 일본에 항의했지만 결국 형사들에게 끌려가서 막 출발하는 기차에 오를 수밖에 없었어. 시신을 돌려받지 못했음은 물론이고 예배마저도 올리지 못했지.

그 시각, 감옥 안에서는 우덕순이 울부짖고 있었어. 죄수복을 입은 우덕순과 유동하, 조도선 앞에는 흰 천이 덮인 안중근이 누워 있었어.

우덕순은 안중근의 형이 집행되기 전에 한 번 더 만나게 해 달라고 감옥 소장에게 몇 번이나 부탁했어. 그때마다 소장은 계속 미뤘던 터라 우덕순은 이것이 안중근의 시신이라고는 꿈에도 짐작하지 못했어. 의아한 눈으로 서 있는 세 사람에게 감옥 소장이 말했어.

"오늘 아침 10시에 안중근은 하늘로 올라갔소. 영결식*이나 하라고 불렀소."

안중근이 죽기 전에 한 번은 만나게 해 주리라 믿고 있던 우덕순은 분해서 발을 구르며 소리쳤어.

"이놈들아! 일본이 망하는 것은 이미 정해진 일인데, 그리 거짓말을 하면 좀 더디 망한다더냐! 참말을 하면 속히 망할까 하여 거짓말로 나를 속이느냔 말이다. 날마다 내일, 내일 하고 시간만 끌어 오더니 이놈……. 이놈들, 믿을 수 없다. 사실인지 보아야겠어. 안중근의 시신이라도 봐야겠단 말이다."

주먹으로 땅을 치며 울부짖던 우덕순이 안중근을 덮고 있던 흰 천을 벗기려 하자 유동하와 조도선이 그를 끌어안고 흐느끼며 말렸어. 세 사람은 슬픔을 누르며 안중근을 위해 기도했어.

일본 측 기록에는 안중근의 시신을 '오후 1시에 감옥의 묘지에 매장하였다'라고 기록돼 있어. 하지만 그 장소가 정확히 어디인지는 아직도 알 수 없단다. 안중근은 해방된 고국에 묻히길 원했지만 순국한 지 110년이 훌쩍 넘은 지금까지도 그의 뼛조각 하나도 찾을 수가 없는 게 현실이야. 어쩌면 일본이 안중근의 동생들에게 시신을 돌려주지 않았을 때부터 예정된 일인지도 모르겠어.

일본은 안중근의 죽음이 민족적인 감정을 일으킬까 봐 두려웠거든. 실제로 안중근의 의거 소식이 전해진 뒤 많은 젊은이가 독립에 대한 열정으로 만주로 떠났으니까. 그래서 안중근의 시신을 감추고, 그 흔적조

● **영결식** 장례 때, 죽은 사람과 산 사람이 영원히 헤어지는 의식

차 찾지 못하게 했던 거지.

◈ 이토 히로부미의 성대한 장례식

이토의 장례식은 매우 화려하게 치러졌어. 일본에서는 이토의 죽음을 두고 역사가 시작되고 가장 불행한 사건이라며 슬퍼했지. 1909년 11월, 도쿄 시내에서 이토의 국장**이 치러졌어. 이토의 가족을 비롯해 고위 대신, 각국 공사를 포함한 5천여 명이 참석한 성대한 장례식이었어.

우리 정부는 총리대신 이완용을 일본으로 보냈어. 이완용은 이토의 죽음을 애도하는 한편 일본 국왕에게 순종의 조문도 보냈어.

일본 측에서 남긴 기록이라 어디까지 진실인지는 확인할 수 없지만, 대한 제국의 황실에서는 대체로 이토의 죽음을 슬퍼하며 안타까워했다고 해. 사실 이토는 죽기 6개월 전에 이미 한일 강제 병합에 찬성한 뒤였어. 그러나 대한 제국 황실에서는 이때까지만 해도 그 사실을 몰랐기 때문에 이토의 죽음에 순수한 마음으로 슬퍼했는지도 모르겠어. 게다가 영친왕이 일본에 볼모로 끌려가 있는 상태였잖아. 이토가 어린 영친왕의 안전과 일본 생활을 책임지고 있었기에 황실로서는 이토의 죽음이 또 다른 근심거리이자 슬픔일 수밖에 없었지. 그 밖에 개인적으로 이토를 추모하는 사람들도 있었는데, 이들은 나중에 일본을 추종하는 세력이 되었어.

그러나 이러한 모습을 다 진심이라 보기는 어려워. 당시 이미 통감부가 설치되어 대한 제국을 쥐락펴락했으니까. 껍데기만 남은 황제의 이름을 빌려서라도 조문단을 보내고 추모 행사를 벌이는 게 통감부의 뜻이었으니, 어쩔 수 없이 겉으로나마 슬픈 빛을 보이는 사람도 있었겠지.

●● **국장** 나라에 큰 공을 세운 사람이 죽었을 때 나랏돈으로 치르는 장례

이토 히로부미의 장례 행렬

◆ 의거의 성공을 숨죽여 기뻐한 사람들

우리 민족 대부분은 안중근의 의거 소식에 크게 기뻐했어. 특히 〈대한매일신보〉는 하루가 멀다 하고 안중근에 관한 이야기며 뤼순 소식을 기사로 냈어. 하지만 통감부 아래에서는 일반 백성이라도 드러내놓고 좋아할 수 없기는 마찬가지였어. 조선 말기 역사를 기록한 책 《매천야록》에도 당시 모습이 담겨 있으니 한번 보자.

하루가 채 지나지 않아 안중근 의거 소식이 동서양에 전해지니 여러 나라에서 조선에 아직 사람이 있다면서 놀라워했다. 안중근과 거사를 함께 도모한 10여 명이 모두 붙잡혔는데, 안중근은 웃으면서 '나는 이미 일을 성공하였으니, 죽음이 두렵겠는가'라고 말했다 한다.

소식이 한성에 이르자 사람들이 감히 통쾌하다고 칭송하지는 못하였지만 모두 어깨가 으쓱해졌다. 그리고 저마다 깊숙한 방에서 술을 따르며 경하***하였다.

-《매천야록》중에서

이처럼 통감부 아래에 있던 사람들은 이토의 죽음에 그저 '깊숙한 방에서 술을 따르며' 은밀하게 기뻐할 수밖에 없었어. 많은 젊은이가 안중근의 뒤를 잇겠다면서 만주와 러시아 등으로 떠났지. 이런 모습이 아마도 당시 한반도에서 숨죽이며 살고 있던 사람들의 진심이었을 거야.

●●● **경하** 경사스럽고 기쁜 일을 축하함.

한일 병합 조약이 강제로 맺어지다

안중근이 순국하고 두 달쯤 지났을 무렵 데라우치 마사타케 육군 대장이 새로운 통감으로 임명되었어.

1910년 7월 23일, 한성에 도착한 데라우치가 내린 첫 번째 조치는 〈대한매일신보〉처럼 일본에 저항하는 신문의 판매를 금

칼을 찬 채 공포 분위기를 불러일으키는 헌병 경찰

지하는 일이었어. 일본에 반대하는 소리는 조금도 허용하지 않겠다는 뜻이었지.

그런 뒤 이완용 등 친일 고위 관리를 불러 한일 병합 조약에 대해 의논하고, 8월 22일에는 한성 거리 곳곳에 약 30미터 간격으로 무장한 일본 헌병들을 배치했어. 혹시라도 을사늑약 때 전국에서 의병이 들고일어났던 것처럼 일제에 반대하는 무리가 다시 일어날까 봐 매우 강압적이고 폭력적인 분위기를 만든 거지. 그렇게 준비를 마친 데라우치는 순종에게 조약에 도장을 찍도록 강요했어.

8월 29일 대한 제국이 일본에 병합된다는 한일 병합 조약이 발표되었어. 길에 깔리다시피 한 헌병 경찰의 수 때문이었는지 대규모 시위나 충돌은 일어나지 않았어. 무엇보다 2년간 지속한 의병 토벌 작전으로 국내에는 무력으로 저항할 의병이 남아 있지 않은 탓이 컸지. 《매천야록》을 쓴 황현처럼 나라를 걱정하는 애국지사 몇 명이 자결로서 저항했지만 대한 제국은 고스란히 일본의 손아귀로 넘어가고 말았어.

안중근 의거가 있고 10년 뒤 3·1 운동이 일어난다.
이름과 얼굴조차 알려지지 않은 수많은 사람들이 독립을 위해 싸웠다.

11. 살아남은 이들의 선택

◆ 서로 다른 길을 간 유동하와 우덕순

안중근과 함께 재판을 받았던 유동하는 감옥에서 나온 뒤에도 여전히 독립운동에 힘썼어. 사실 유동하는 거사 날 아침까지도 안중근이 하려는 일이 정확히 무엇인지 몰랐어. 그저 아버지인 유경집의 말 그대로 '가족을 마중 나온' 안중근 일행을 도우려 통역으로 나선 것이었지.

그러나 재판을 받고 안중근의 순국을 가까이에서 지켜본 유동하는 이제 마냥 어리고 철없는 소년이 아니었어. 러시아에서 한의원을 하며 독립운동가들을 도왔던 아버지 유경집의 영향도 있었지. 유동하는 아버지와 함께 한의원을 운영하며 독립운동가들을 지원하는 한편 학교를 세워 학생들을 교육하기도 했어. 1917년 봄에는 좀 더 적극적으로 독립운동을 할 생각에 러시아 혁명군에 몸담았지. 그러던 이듬해 가을, 시베리아에 주둔해 있던 일본군에게 체포된 유동하는 11명의 애국 청년들과 함께 총살당하고 말았어. 스물여섯이라는 젊은 나이였어.

우덕순은 어떻게 되었을까? 안중근 의거로 징역 3년형을 받은 우덕순은 의병으로 활동할 때 잡혔다가 감옥을 탈출했던 사건이 드러나 추가로 2년을 더 갇혀 있다가 1915년에 자유의 몸이 되었어. 다시 만주로 간 그는 1920~30년대 하얼빈 등 만주 지역에서 조선인민회의 간부로 활동했어.

조선인민회는 일제가 만든 친일 단체로, 독립운동가들을 감시해 캐낸 정보를 일본에 알리는 곳이었어. 그런 단체에서 간부로 활동했으니 우덕순을 변절한 친일파로 보기도 해. 한편으로는 일본에 적대적인 감정이었다는 기록이 남아 있기도 해서 친일파가 아니라는 주장도 있지. 광복 후 안중근 추모 사업을 주도하는 등 활발한 활동을 벌이던 우덕순은 1950년 한국 전쟁 때 북한군의 손에 죽고 말았어.

◆ 독립운동은 계속되다

안중근의 순국 후 두 동생 안정근과 안공근은 독립운동에 나섰어. 이들뿐 아니라 안중근의 순국 소식을 접한 많은 사람이 고국을 떠나 만주나 연해주로 향했어. 일본의 압력이 점차 심해지고 1910년 8월 29일 나라의 주권이 완전히 일본에 넘어가자 더는 국내에서 국권 회복 운동을 하기 어렵겠다고 판단한 거야.

이 시기에 안창호를 비롯해 역사학자이자 독립운동가인 신채호, 대한 제국 장교 출신인 이동휘 등이 일본의 세력이 미치지 않는 곳으로 망명해 독립운동을 이어 갔어. 간도와 연해주 등지에는 일본의 토벌 작전으로 밀려난 의병 지도자들이 먼저 자리를 잡고 있었지. 이들은 군사를 양성하는 학교를 세우는 등 좀 더 체계적으로 힘을 길러 일본에 맞설 준비를 했어.

반면 이완용을 비롯한 많은 대한 제국의 고위 관리들이 나라를 일본

안창호가 1907년 세운 평양 대성 학교의 제1회 졸업 기념 사진

에 넘기고 협조하는 대가로 백작, 공작 등의 작위와 거액을 받았어. 이들은 일제 치하에서도 지위를 보장받고 안락한 생활을 했지. 그러나 모든 벼슬아치가 다 그랬던 건 아니야.

관찰사를 비롯해 고위 관직을 두루 거친 김가진은 을사늑약 체결 당시 민영환 등과 함께 격렬히 반대했어. 그 뒤에도 친일 단체를 비판하는 등 나라를 지키려고 안간힘을 썼지. 1910년 일본이 강제로 병합 조약을 체결한 뒤 남작 작위를 내렸으나, 김가진은 즉시 반납하고 비밀 결사 단체의 총재가 되어 상하이로 건너갔어. 그는 머나먼 곳에서 77세로 세상을 떠날 때까지 임시 정부에서 활동했어.

현재 시세로 600억 원에 이르는 전 재산을 독립운동 자금으로 내놓은 이회영 가족도 있어. 이항복•의 후손인 이회영은 아버지와 당숙이

• 이항복 임진왜란 때 병조판서를 지낸 조선의 문신. '오성과 한음'의 오성을 말한다.

이조판서와 영의정까지 지낸 명문가 집안이었어. 6형제 중 넷째였던 이회영은 나라가 망하자 전 재산을 처분하여 간도로 가서 독립운동을 하자고 형제들을 설득했어. 같은 뜻을 품고 있던 형제들은 급히 재산을 정리해서 60여 명에 이르는 가족들과 함께 압록강을 건넜어. 그 많던 가족 대부분이 가난과 고문 끝에 죽고, 다섯째인 이시영만 해방된 조국으로 돌아올 수 있었지.

안동의 명문가 출신인 이상룡도 친인척 50여 명과 만주로 갔어. 이상룡의 안동집 임청각은 99칸●●으로 일반 사대부로서는 가장 크게 지을 수 있는 집이었어. 이상룡이 만주로 가기 위해 재산을 처분하는데, 임청각까지 팔려고 하자 문중에서 말리고 나서며 직접 독립운동 자금을 구해 주었지.

그러나 일본은 임청각을 본 우리 민족이 이상룡을 떠올리며 독립운동의 의지를 다지게 될까 봐 두려웠어. 그만큼 안동에서 이상룡의 영향력이 컸거든. 일본은 중앙선을 놓는다는 핑계로 임청각의 50여 칸이나 되는 건물을 철거한 뒤, 굳이 마당 한가운데 철길을 냈어. 만주에 있는 이상룡 대신에 그의 집 임청각에 분풀이한 셈이었지.

일본이 만주까지 장악하여 점차 핍박과 압력이 거세졌을 때도 이상룡은 뜻을 굽히지 않고 이곳저곳 옮겨 다니며 독립운동을 했어. 병이 들어 74세의 나이로 세상을 떠나는 순간까지도, 이상룡은 국토를 회복하기 전까지는 자신의 유골을 고국에 가져가지 말라는 유언을 남기며 독립을 향한 의지를 불태웠지.

한편, 동학 농민 운동 때부터 안중근 집안과 인연이 있던 김구는 안중근이 하얼빈에서 이토를 향해 총부리를 겨누던 그 무렵, 황해도로 강연을 나갔다가 붙잡혔어. 안중근과 일을 공모했다는 의심을 받아 감옥에

●● **칸** 한옥에서 네 개의 기둥으로 만들어지는 공간을 일컫는다. 99칸 집은 네 개의 기둥으로 만들어지는 공간이 모두 99개나 된다는 뜻으로, 조선 시대 상류층이 지을 수 있는 가장 큰 집이었다.

독립운동에 전 재산을 바친 이회영(왼쪽)과 이상룡(오른쪽)

갇혔으나, 증거가 충분하지 않아 풀려났지. 그러나 김구가 본격적으로 안중근 집안과 관계를 맺은 것은 안중근이 순국한 다음부터였어. 안중근의 두 동생이 김구와 함께 독립운동을 벌였거든. 김구의 장남 김인과 안정근의 딸 안미생을 혼인시켜 사돈을 맺을 정도로 두 집안은 신뢰하는 사이였어.

◆ 3·1 운동의 결실

1910년 대한 제국이 일본의 식민지가 되자 뜻있는 사람들은 국외로 나가서 나라를 되찾기 위한 준비를 해야 했어. 그러는 동안 국내에 남은 사람들은 일본의 강압적인 통치 아래에서 신음할 수밖에 없었지. 길거리에는 무장한 헌병 경찰들이 수시로 돌아다니며 사람들을 위협했고, 조금만 잘못해도 태형●●●을 때리는 등 공포 분위기를 조성했어.

●●● 태형 죄인의 볼기를 치는 형벌

갖가지 차별과 공포, 압박을 참을 수 없었던 우리 민족은 1919년 3월 1일 고종의 장례식을 계기로 전국적인 투쟁을 시작했어. 만세 운동은 남녀노소, 신분의 높고 낮음을 따지지 않았어. 이전까지 사람들은 자기들이 사는 나라가 왕의 것이라고 생각했어. 하지만 만세를 부르면서 깨달았지. 나라의 진정한 주인은 왕이나 높은 벼슬아치가 아니라, 만세를 부르는 한 사람 한 사람이라는 사실을. 1919년 3월 1일에 시작된 만세 운동은 전국 곳곳에서 1년이 넘게 이어졌어.

만세 운동을 계기로 사람들은 체계적인 독립운동이 필요하다는 결론에 이르렀지. 그래서 중국 상하이에 독립운동의 중심이 될 임시 정부를 세웠어. 임시 정부가 정한 나라 이름은 백성이 주인이라는 뜻의 '대한민국'이었어. 이로부터 대한민국은 이전까지 없었던 새로운 형태의 나라로 다시 태어난 거야.

1919년 만세 시위로 모인 사람들

해방이 얼마 남지 않은 날, 대한민국 임시 정부 요원들

한국사와 함께 보는 안중근의 일생

안중근의 일생

1876	1879	1882	1884	1894	1895	1896	1897

- 1879: 황해도에서 안태훈의 장남으로 태어나다
- 1894: 김아려와 결혼하다
- 1897: 토마스라는 세례명을 받고 천주교에 입교하다

한국사

- 1876: 일본과 강화도 조약을 맺다
- 1882: 임오군란이 일어나다
- 1884: 갑신정변이 일어나다
- 1894: 동학 농민 운동, 청일 전쟁이 일어나다
- 1895: 을미사변이 일어나다
- 1896: 고종 황제가 러시아 공사관으로 피신하다(아관 파천)
- 1896: 독립협회가 설립되다
- 1897: 대한 제국이 성립되다

| | | | 삼흥 학교를 세우고 돈의 학교를 운영하다 | 국채 보상 운동에 적극 참여하다

연해주에 도착하다 | 의병장이 되어 일본군과 전투를 벌이다 | 단지 동맹을 맺다

하얼빈 역에서 이토 히로부미를 처단하다 | 감옥에서 〈안응칠 역사〉와 〈동양 평화론〉을 쓰다

사형을 선고받아 순국하다 |

● 1904　● 1905　● 1906　● 1907　● 1908　● 1909　● 1910

| 러일 전쟁이 일어나다 | 을사늑약이 맺어지다 | 통감부가 설치되다 | 헤이그 특사가 파견되다

한일 신협약이 강제로 체결되다

대한 제국의 군대가 해산되다 | | | 국권을 빼앗기다 |

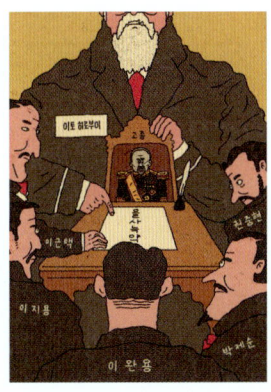

참고한 책과 자료

· 안중근, 《안중근 의사 자서전》, 범우, 2018.
· 안중근, 《안중근 동양평화론 자서전》, 부크크, 2019.

· 김삼웅, 《안중근 평전》, 시대의창, 2009.
· 김홍식, 《안중근 재판정 참관기》, 서해문집, 2017.
· 박삼중, 《코레아 우라》, 태일소담, 2015.
· 안중근 의사 기념사업회, 《안중근과 그 시대》, 경인문화사, 2009.
· 원재훈, 《안중근, 하얼빈의 11일》, 사계절, 2010.
· 황재문, 《안중근 평전》, 한겨레출판, 2017.

· 방광석, 《이토 히로부미》, 살림, 2019.
· 사키 류조, 《안중근과 이토 히로부미》, 제이앤씨, 2003.
· 이종각, 《이토 히로부미》, 동아일보사, 2010.
· 정일성, 《이토 히로부미》, 지식산업사, 2002.
· 한상일, 《이토 히로부미와 대한제국》, 까치, 2015.

· 백유선, 《청소년을 위한 한국근현대사》, 휴머니스트, 2015.
· 와다 하루키 외, 《동아시아 근현대통사》, 책과함께, 2017.
· 이기훈, 《쟁점 한국사 근대편》, 창비, 2017.
· 이태진, 《일본의 한국병합 강제 연구》, 지식산업사, 2016.
· 정승교, 《미래를 여는 한국의 역사》, 웅진지식하우스, 2011.
· 최재호, 《한국이 보이는 세계사》, 창비, 2011.
· 한영우, 《미래를 여는 우리 근현대사》, 경세원, 2016.
· 한일공통역사교재 제작팀, 《한국과 일본, 그 사이의 역사》, 휴머니스트, 2013.
· 한홍구, 《청소년 역사특강》, 철수와영희, 2016.

· 강창훈, 《백범일지》, 책과함께어린이, 2018.
· 박환, 《페치카 최재형》, 선인, 2018.

· 이주화, 〈안중근 의사의 정신적 스승, 빌렘 신부〉, 안중근의사기념관, 2018.
         〈안중근 의사와 함께 손가락을 자르다!〉, 안중근의사기념관, 2018.
         〈안중근 의사의 행적을 담은 명동성당〉, 안중근의사기념관, 2019.
· 박민영, 〈안중근의 연해주 의병투쟁 연구〉, 한국독립운동사연구 제35집, 독립기념관, 2010.

사진 자료

· 국립중앙박물관 146쪽
· 독립기념관 102쪽, 125쪽, 128쪽, 130쪽, 142쪽, 187쪽
· 동학농민혁명기념관 44쪽, 62쪽
· 백범기념관 42쪽, 75쪽(아래)
· 서울역사박물관 117쪽
· 안중근의사기념관 149쪽, 156쪽, 162쪽, 164쪽, 171쪽, 174쪽
· 한국학중앙연구원 75쪽(위)
· 〈르 프티 주르날(Le Petit Journal)〉 21쪽, 26쪽, 40쪽, 69쪽, 84쪽, 106쪽, 135쪽

도서출판 책과함께는 이 책에 실은 모든 도판 자료의 출처와 저작권자를 찾아 허락을 받고자 노력했습니다.
허가를 받지 못한 일부 도판은 저작권자가 확인되는 대로 사용 허가를 받고 일반적인 사용료를 지불하겠습니다.

교과서가 다 담지 못한 안중근 의거
이토 히로부미의 계획 VS 안중근의 반격

1판 1쇄 발행 2021년 10월 26일

글 | 류은 · 그림 | 이강훈

펴낸이 | 류종필 · 편집 | 장이린, 설예지 · 마케팅 | 이건호 · 경영지원 | 김유리
디자인 | Studio Marzan 김성미

펴낸곳 | ㈜도서출판 책과함께 · 주소 | 서울시 마포구 동교로 70 소와소빌딩 2층
전화 | 02-335-1982 · 팩스 | 02-335-1316 · 전자우편 | prpub@hanmail.net
블로그 | blog.naver.com/prpub · 등록 | 2003년 4월 3일 제2003-000392호

이 책의 저작권은 지은이 류은, 그린이 이강훈, ㈜책과함께에 있습니다.
이 책의 내용을 이용하려면 저작권자와 출판사에게 모두 서면동의를 받아야 합니다.
잘못된 책은 구입하신 서점에서 바꾸어 드립니다.

ISBN 979-11-91432-19-0 73910